簡　易
日　本　歴　史
（日文版）

鴻儒堂出版社

もくじ

一　大むかしの日本……1
二　新しい文化《ぶんか》のおとずれ……6
三　日本の国のたんじょう……11
四　大和朝廷《やまとちょうてい》の勢力《せいりょく》……14
五　聖徳太子《しょうとくたいし》と法隆寺《ほうりゅうじ》……19
六　奈良《なら》の都《みやこ》と大仏《だいぶつ》……24
七　平安《へいあん》の都《みやこ》と貴族《きぞく》のくらし……29
八　武士《ぶし》の中央進出《ちゅうおうしんしゅつ》……35
九　武家政治《ぶけせいじ》のはじまり……39
一〇　武士《ぶし》のくらしと新しい文化《ぶんか》……42
一一　鎌倉幕府《かまくらばくふ》のおとろえと室町幕府《むろまちばくふ》……46
一二　戦国《せんごく》の世《よ》……51

一三 東山文化《ひがしやまぶんか》……55
一四 世界《せかい》との交《まじ》わり……60
一五 天下《てんか》の統一《とういつ》と信長《のぶなが》・秀吉《ひでよし》……66
一六 徳川家康《とくがわいえやす》と江戸幕府《えどばくふ》……71
一七 商工業《しょうこうぎょう》の発達《はったつ》と町人《ちょうにん》の力……78
一八 町人《ちょうにん》の文化《ぶんか》と学問《がくもん》の発達《はったつ》……84
一九 江戸幕府《えどばくふ》のおとろえ……90
二〇 日本の眠《ねむ》りをさました黒船《くろふね》……95
二一 江戸幕府《えどばくふ》の終《おわ》り……100
二二 明治維新《めいじいしん》……104
二三 文明開化《ぶんめいかいか》の世《よ》の中……109
二四 議会政治《ぎかいせいじ》はじまる……112
二五 日清《にっしん》・日露《にちろ》の戦《たたか》い……117

二六　産業《さんぎょう》の発達《はったつ》と明治《めいじ》の文化《ぶんか》……124
二七　第一次世界大戦《だいいちじせかいたいせん》と日本……129
二八　大陸進出《たいりくしんしゅつ》と戦争……133
二九　平和《へいわ》のおとずれ……138
三十　二十一世紀に日本が直面《ちょくめん》する諸問題《しょもんだい》……154
三一　新しい時代、令和《れいわ》のはじまり……168
年表……173
付録　21世紀の出来事……179

*『簡易日本歴史（日文版）』新版の発行にあたり、25課・27課・29課・30課・31課及び附録・一部の内容を川島尚子女史により加筆・修正していただきました。心より感謝申し上げます。

はじめに

日本の島々に人が住みはじめてからいく千年という年月がたちました。そして日本の国をつくり、長い間かかっていろいろな文化をつくり上げてきました。政治のしくみ、産業の発展、学問芸術の進歩、生活の向上、どの一つをみても長い長い歴史をもっています。そしてそれらのものは、今の世の中にも生き、わたしたちの生活の中に生きているのです。しかし今日わたしたちが国民主義の社会をつくりあげ、人々が幸福に暮らせる社会をつくる上に、祖先が残したこれらのものが助けになっているか、あるいはじゃまになっているかを知るためには、日本の歴史を学ばなければなりません。しかもその学習は、ただ古い時代のことを知るというのではなく、歴史上の出来ごとを反省して、それが次の時代、また今の社会の生活の上に、どのくらいたいせつであるかを考えなければならないのです。日本の歴史全体を知り、歴史に対するそういうみ方、考え方をやしなうために、この本は書かれました。

わたしたちはこういう考え方で日本の歴史をよみ、すべての人々が幸福にくらせる民主主義国をきずいてゆく、努力をしようではありませんか。

一　大《おお》むかしの日本

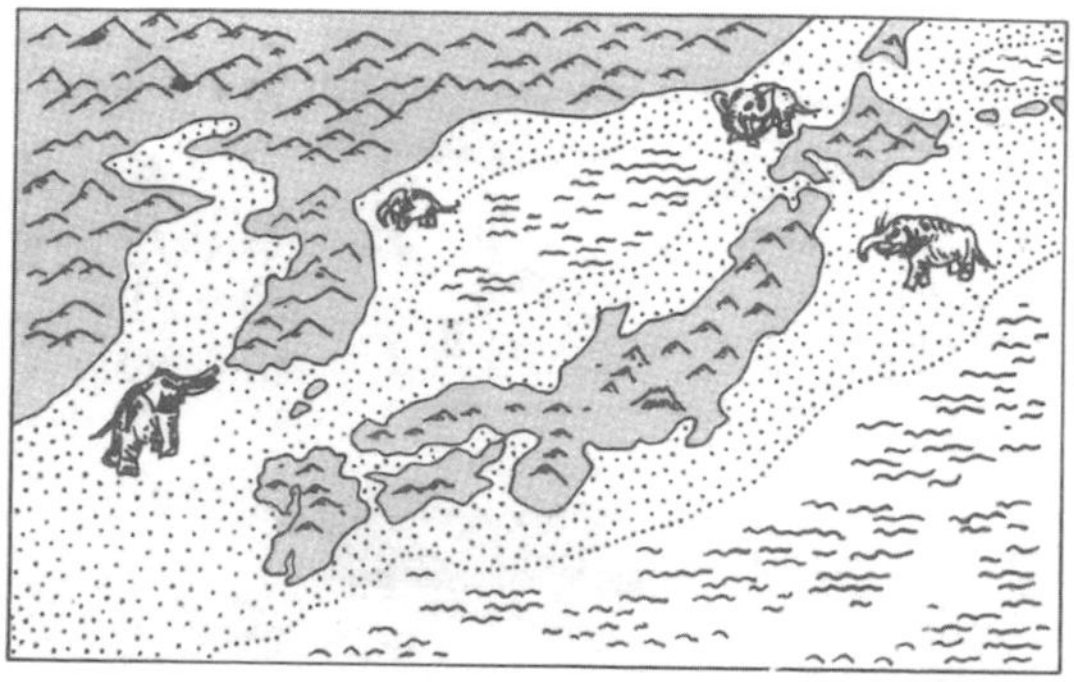
100万年ぐらい前の日本のまわり

日本人の祖先《そせん》　わたしたちの祖《そ》先《せん》がいつごろから、この日本とい う島国《しまぐに》に住《す》みはじめたのか、はっきりとわかってはいません。しかし、今から一万年ぐらい前には、東アジアのどこからか渡《わた》ってきた祖《そ》先《せん》たちがこの島国《しまぐに》に住んでいたことがわかっています。それからも、北方《ほっぽう》の大陸《たいりく》から、南方《なんぽう》の島々《しまじま》から海を渡《わた》って、何回も何回も人々がやってきたでしょう。そうして、これらの人々の血《ち》がまじりあって、新しい

【注釈】

日本列島《れっとう》のおこり　日本とアジア大陸《たいりく》は、大むかしは地《じ》つづきであったと考えられています。そのころの日本海は湖《みずうみ》であったようです。今から一万年前か、二万年ぐらい前《まえ》に、土地に大変化《だいへんか》がおこって大陸《たいりく》からはなれ、今のような島になったといわれます。

日本民族《にほんみんぞく》のおこり　一ばんはじめの日本民族《にほんみんぞく》は、北の大陸から朝鮮半島《ちょうせんはんとう》を通ってわたってきたのか、南方の島々を渡《わた》って日本

民族《みんぞく》、つまり日本民族《にほんみんぞく》ができたといわれています。

大《おお》むかしの生活《せいかつ》　そのころの人々は、今のように田をたがやして、米《こめ》をつくったり、畑《はたけ》で野《や》菜《さい》をつくることは知《し》りませんでした。あたりの森や林にはいって、食《た》べられそうな木《き》の実《み》をとったり、草《くさ》の根《ね》をほったり、いのししや鹿《しか》や鳥をとってその肉《にく》を食《た》べていました。また、海や川に近《ちか》いところでは魚をとったり、貝《かい》をひろっていました。

大むかしの人のくらし

それには石《いし》や動物《どうぶつ》の骨《ほね》でつくった、やりやおの、矢《や》のさ

にたどりついたものか、まだはっきりしません。

日本最古《さいこ》の人類《じんるい》　日本の最古《さいこ》の人類化石《じんるいかせき》はつぎの三か所で発見されたが、いずれも小部分の骨《ほね》や破《は》片《へん》であり、しかも大むかしのもので、現在《げんざい》の日本人との関係はわかっていません。

①明石原人《あかしげんじん》…一九三四年（昭6）明石《あかし》市で発見
②牛川《うしかわ》人……一九五七年（昭32）豊橋《とよはし》市で発見
③三ケ日《みっかび》人…一九五八年（昭33）静岡《しずおか》県で発見

きにつける矢《や》じり、魚をとるつりばりなどを使《つか》っていました。また、水をはこんだり、食《た》べ物《もの》をにたりするには、土《ど》器《き》を使《つか》っていました。まだ金属《きんぞく》の道具《どうぐ》を使《つか》うことを知《し》らなかったからです。

こうしたことは、大《おお》むかしの人々の大《たい》せつな食《た》べ物《もの》であった貝《かい》のからをすてた場所《ばしょ》（貝塚《かいづか》）や、そのころの住《す》まいのあとをしらべてわかったことなのです。

このような石の道具《どうぐ》を使《つか》っていた時代を**石器時代**《せっきじだい》といい、どんな民族《みんぞく》も、大《おお》むかしは石器《せっき》を使《つか》っていたのです。

また、このころ使《つか》っていたねん土でつくった土器《どき》は、表《ひょう》面《めん》に縄目《なわめ》のもようがついているものが多いので、**縄文式土器**《じょうもんしきどき》とよばれており、黒茶色《くろちゃいろ》をしています。そしてこのころ

貝塚《かいづか》　大《おお》むかしの人が食《た》べていた貝のからやごみをすてていたあとです。日本では、百年ほど前に東京大学にまねかれたアメリカの動物学者《どうぶつがくしゃ》のモースが、東京へくる途中《とちゅう》の汽車のまどから大森《おおもり》で発見したのが最初《さいしょ》です。

縄　文　式　土　器

の文化《ぶんか》を**縄文文化**《じょうもんぶんか》といいます。

　土器《どき》には土でつくった人形《にんぎょう》も残《のこ》っています。土偶《どぐう》とよんでいますが、上着《うわぎ》は筒《つつ》そでで、短《みじか》いズボンのようなものをはいており、おそらく、木や草の葉《は》であんだり、動物《どうぶつ》の皮《かわ》でつくったものでしょう。また、石や貝《かい》や動物《どうぶつ》の骨《ほね》やきばでつくった、くびかざりや耳《みみ》かざりもつけています。

　このころの住《す》まいは小高《こだか》い台地《だいち》や海岸《かいがん》にそった南むきの場所にありました。地面《じめん》を四角《しかく》やまるい形《かたち》に浅《あさ》くほって

大むかしに使われていた石器

土間《どま》をつくり、四すみには丸太《まるた》の柱《はしら》を立て、草《くさ》や木《き》の葉《は》で屋根《やね》をふきました。このような住《す》まいを**たて穴式住居《あなしきじゅうきょ》**といっていますが、血《ち》のつながっている人たちの住《す》まいが集《あつ》まっていたようすです。

たて穴住居

火《ひ》の使用《しよう》　数十万年前今の北京近くで発見《はっけん》された人類《じんるい》も、もう火をつかっていたといわれます。道具と火は人類《じんるい》のさいしょの文化でありました。はじめは、雷《かみなり》がおちておこった火や、木と木がすれておきた山火事の火を使っていたのでしょう。後には、木と木、石と石をすって火をおこすことを知りました。出雲神社《いずもじんじゃ》にはこの木と木で火をおこす道具がのこっています。

二　新しい文化《ぶんか》のおとずれ

弥生式土器《やよいしきどき》　石器《せっき》の時代が数千年もつづいたあとで、紀《き》元前《げんぜん》三世紀《せいき》から二世紀《せいき》ごろにかけて、新しい文化《ぶんか》が、この島国《しまぐに》に伝《つた》わってきました。それは**漢《かん》**という大陸《たいりく》の国からでした。

漢《かん》は紀《き》元前《げんぜん》三世紀《せいき》の終《おわ》りごろに中国《ちゅうごく》を統一《とういつ》した国ですが、その前から中国《ちゅうごく》では、稲《いね》をつくる農業《のうぎょう》が進《すす》み、青銅《せいどう》や鉄《てつ》でつくった道具《どうぐ》も使《つか》われて、文明《ぶんめい》が大へん進《すす》んでいました。漢《かん》の国ができて、だんだんと力をのばしてくるにつれて、漢《かん》の文化《ぶんか》

弥生式土器（岡山市から出土）

【注釈】

漢《かん》（紀《き》元前《げんぜん》二〇二年—紀《き》元後《げんご》二二〇年）ローマがヨーロッパでさかえていたころ中国《ちゅうごく》で文化のさかんであった大国《たいこく》です。ローマともいききして、貿易《ぼうえき》もしていました。

中国では青銅《せいどう》は紀元前千年以上も前から使われていました。鉄も紀元前数百年も前にひろく使われていました。青銅《せいどう》は銅《どう》とすずの合金《ごうきん》です。

が東に伝わってきました。そして朝鮮半島《ちょうせんはんとう》の北にまで漢《かん》の国がひろがると、半島《はんとう》を通《とお》って海を渡《わた》り、日本にも、いろいろ新しい文化《ぶんか》がはいってきました。

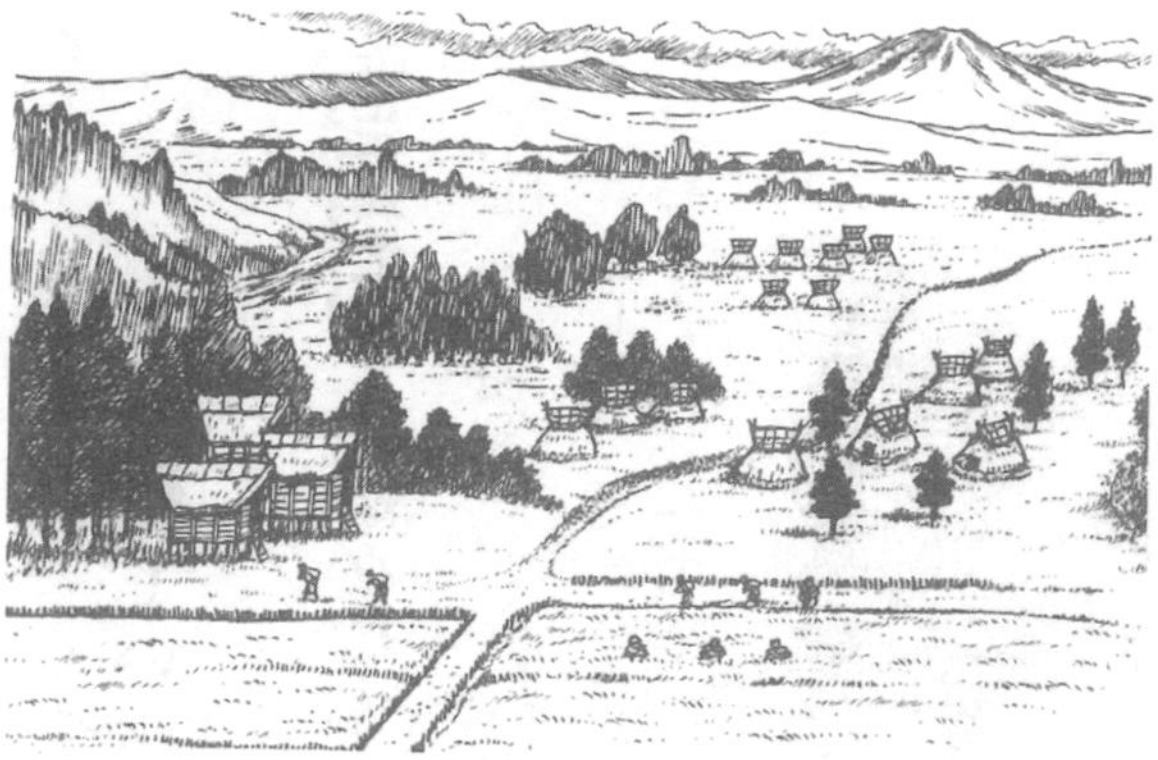

登　呂　の　秋

水田《すいでん》に稲《いね》をうえて米《こめ》をとることがはじまりました。この米《こめ》は東南《とうなん》アジアでつくられていたものが、中国《ちゅうごく》に伝《つた》わって、漢《かん》から日本にはいってきたものです。金物《かなもの》には青銅《せいどう》でつくったものや鉄《てつ》のものもあります。農業《のうぎょう》をはじめ、いろいろな仕事《しごと》の道具《どうぐ》に使《つか》われましたが、この便利《べんり》な

弥生式土器《やよいしきどき》　農業《のうぎょう》や金物《かなもの》が大陸《たいりく》からはいってきたころ土器《どき》も、これまでとちがって大へん進《すす》んだものがでてきました。その一つが東京本郷弥生町《ほんごうやよいちょう》で発見《はっけん》されたので弥生式土器といわれます。よいねん土《ど》を使い、高いおんどで焼いたのでうすくてじょうぶなものです。この弥生式土器をつくった人々が縄文式土器をつくった人々とおなじなのか、あるいはちがった人々が弥生式の文化《ぶんか》や金ぞく器をもって九州に渡ってきたのか、はっきりとわかっていません。

金物《かなもの》は、少しずつしか伝《つた》わりませんでした。そのために石器《せっき》もまだあわせて使《つか》われておりました。

農業《のうぎょう》がはじまり、木の実《み》をさがしたり、けものを追《お》ってとらえたりする必要《ひつよう》がなくなると、わたしたちの祖先《そせん》の生活《せいかつ》や社会《しゃかい》は大きくかわってきました。土器《どき》も、縄文式土器《じょうもんしきどき》よりもすぐれた形《かたち》や、もようのすっきりとした、うすでかたい**弥生式土器**《やよいしきどき》がつくられるようになりました。

村《むら》　米《こめ》をつくるようになるとおなじ場所《ばしょ》にながく住《す》むようになります。また、田をひらいたり、水をひいてくる作業《さぎょう》に、おおぜいの人々が力をあわせることが必要《ひつよう》になりました。そこで、人々は一つのところに集《あつ》まって、住《す》むようになりました。これを**むら**（村）といいます。静岡県《しずおかけん》の

登呂《とろ》　静岡市《しずおかし》の海岸《かいがん》に近い登呂という部落《ぶらく》に、今から二千年ぐらい前の村のあとが発見《はっけん》されました。広い水田のあとが掘《ほ》りだされ、木のくわ、すき、などが発見《はっけん》されました。それはかしの木でつくられ、鉄《てつ》の道具《どうぐ》をつかって作ったものとおもわれます。

このころ田植《たうえ》はしないで、じかまきで刈《か》り入れには穂《ほ》のさきだけを石の庖丁《ほうちょう》で切りとり、それを床《ゆか》を高くした倉《くら》に入れておいて、食べるときに臼《うす》でついていたようです。

登呂《とろ》は、そのころの人々の住《す》んでいたあととして有名《ゆうめい》です。

豪族《ごうぞく》　村《むら》には百こ以上《いじょう》もの家があつまりますと、いっしょにする仕事《しごと》をさしずする、ちえのすぐれたかしらができました。米がよくできるように神にいのったり、まじないをする人もいました。このような人が村《むら》でだんだん力をもってきて、物をたくさん持《も》ったり、米をたくさんつくったりして力をのばしてきました。そして、ほかの人々をおさめるような高い身分《みぶん》になっていきました。このような人を豪族《ごうぞく》といいます。

大陸《たいりく》からはいってきた金物《かなもの》もはじめは数が少《すく》なかったので、この豪族《ごうぞく》の人々がおもに使《つか》っていたようです。とくに

銅《どう》たくのおもてにえがかれている絵

右の絵でこの時代の人々の生活がよくわかります。絵もなかなかすなおで、じょうずなものです。

銅剣《どうけん》、銅《どう》ほこ、銅《どう》たくは、身分《みぶん》の高いしるしとして使《つか》われていました。

物のつくりかた　このころになると、物をつくる専門《せんもん》の家ができてきました。豪族《ごうぞく》のしたで、米をつくる人々、農具《のうぐ》をつくる人々、木材《もくざい》で家をつくる人々、船《ふね》をつくる人々といったように、仕事《しごと》がわかれてきました。そして、おたがいにそれぞれの品物《しなもの》と品物《しなもの》をとりかえあって生活《せいかつ》していました。

この物と物の交換《こうかん》は、村《むら》のなかや、村《むら》と村《むら》のあいだで行《おこな》われていましたが、やがて物《もの》を売《う》り買《か》いする市《いち》にはってんしました。

学習することがら

新しい大陸の文化はどのように、日本をかえましたか。

三　日本の国《くに》のたんじょう

国のおこり　各地《かくち》に村《むら》ができているうちに、強《つよ》い村《むら》は弱《よわ》い村《むら》を従《したが》えて、だんだんと大きくなり、ちいさな**くに**（国）をつくりました。

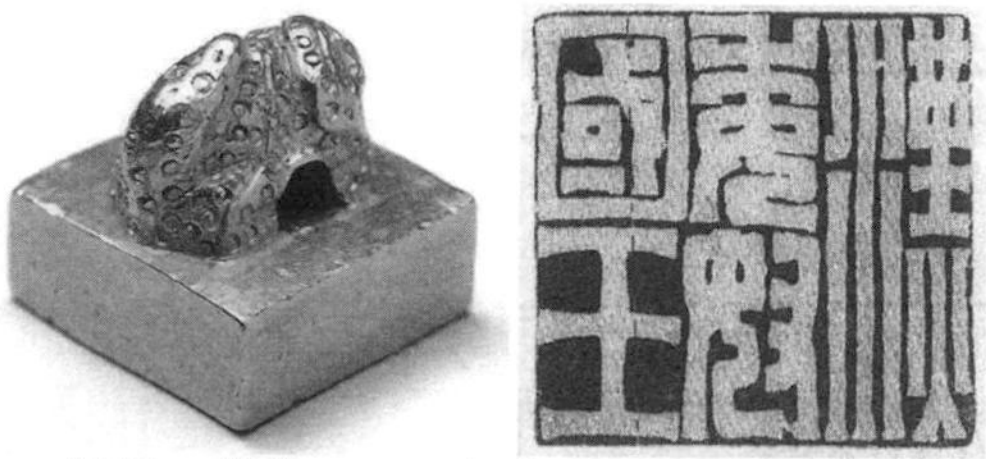

この金印《きんいん》は博多《はかた》わんの志賀《しか》島からほりだされたものです。中国の歴史の本に、後漢《ごかん》の光武帝《こうぶてい》のとき倭《わ》の奴国《なこく》が朝貢《ちょうこう》し、帝《みかど》はこれに印《いん》じゅをさずけたとあります。印に漢倭奴国王《かんのわのなのこくおう》とほってあります。

紀元《きげん》一世紀《せいき》のころの中国《ちゅうごく》の書物《しょもつ》には日本は約《やく》百あまりの国《くに》にわかれていたとしるされています。北九州《きたきゅうしゅう》にあったこうした国々《くにぐに》は、朝鮮《ちょうせん》や漢《かん》に使《つか》いを送《おく》ってすぐれた文化《ぶんか》を取《と》り入れようとしました。漢《かん》の皇帝《こうてい》から「国王《こくおう》にする」とい

【注釈】

中国《ちゅうごく》の書物《しょもつ》　日本のことをかいた一ばん古い本は紀元一世紀ごろにかいた漢《かん》の歴史書《れきししょ》の「漢書《かんじょ》」という本です。日本人のことを倭人《わじん》とよび、その国は百余にわかれ、毎年中国に貢物《みつぎもの》をもってきたとあります。

そののち魏《ぎ》という国の歴《れき》史《し》をかいた魏《ぎ》志には、三世紀ごろの日本は三十ほどの国にわかれ、そのなかで女王《じょおう》卑弥呼《ひみこ》のいる邪《や》馬《ま》台国《たいこく》が一番強国で魏に使いをおくってくるとかいています。この邪馬《やま》

う金印《きんいん》をもらったという奴《な》の国もその一つでしょう。

また、三世紀《せいき》ごろには日本は三十ほどの国にわかれていて、**卑弥呼**《ひみこ》という女王の**邪馬台国**《やまたいこく》がいちばん強かったということです。

日本の統一《とういつ》　このころの日本では、大陸《たいりく》の文化《ぶんか》を取《と》り入れるのに便利《べんり》な九州《きゅうしゅう》と奈良盆地《ならぼんち》の大和《やまと》地方に強《つよ》い国がありました。しかし、日本の中心《ちゅうしん》にあった大和《やまと》の方がしだいに日本のなかで力をのばしていきました。そして、四世紀《せいき》の中ごろには、東は中部地方《ちゅうぶちほう》から西は九州《きゅうしゅう》までも従《したが》え、一つの大きな国にまとめました。

このようにして大和《やまと》からおこって日本を統一《とういつ》したのが、今の天皇家《てんのうけ》の祖先《そせん》です。大和《やまと》にいた、たくさんの豪族《ごうぞく》たち

台《たい》が奈良《なら》の大和《やまと》か、九州の山門《やまと》かまだわかっていません。

しかし邪馬台《やまたい》国については、すいぶんくわしく風俗《ふうぞく》や習慣《しゅうかん》などについて書かれています。

倭人《わじん》は行儀《ぎょうぎ》がよく、邪馬《やま》台《たい》の女は布《ぬの》のまん中をくりぬいて穴《あな》をあけそこに首《くび》を通して布《ぬの》を前と後にたらし、両わきをひもでむすんだそうです。男は顔《かお》やからだにいれずみをして、はだしで歩いていたということです。麻《あさ》や桑《くわ》を栽培《さいばい》し、稲《いね》もつくり、蚕《かいこ》もかっていたと書かれています。

は、この天皇家《てんのうけ》をかしらにいただいて一つの政府《せいふ》をつくり、そのしたで日本を統一《とういつ》したのです。この政府《せいふ》を**大和朝廷**《やまとちょうてい》といっています。

学習することがら

1. 日本はどのようにして一つの国にまとまりましたか。
2. 大和の国と今の天皇家はどんなかんけいがありますか。

四　大和《やまと》朝廷《ちょうてい》の勢力《せいりょく》

古墳《こふん》　大和朝廷《やまとちょうてい》に従《した》がっていた豪族《ごうぞく》は、土地《とち》ばかりでなく、その土地《とち》に住《す》んでいる人々も、自分《じぶん》のものにしているほど、大きな力をもっていました。だから豪族《ごうぞく》が死《し》ぬと、土を高くもりあげた、大きな墓《はか》をつくらせました。その墓《はか》を古墳《こふん》とよんでいますが、このようなならわしは、三、四世《せい》紀《き》ごろからはじまったようです。今でも各《かく》地《ち》にたくさんの古墳《こふん》が残《のこ》っています。

その中には、死体《したい》をおさめた、りっぱな棺《かん》が石室《せきしつ》に入れてあります。そのほかに中《ちゅう》

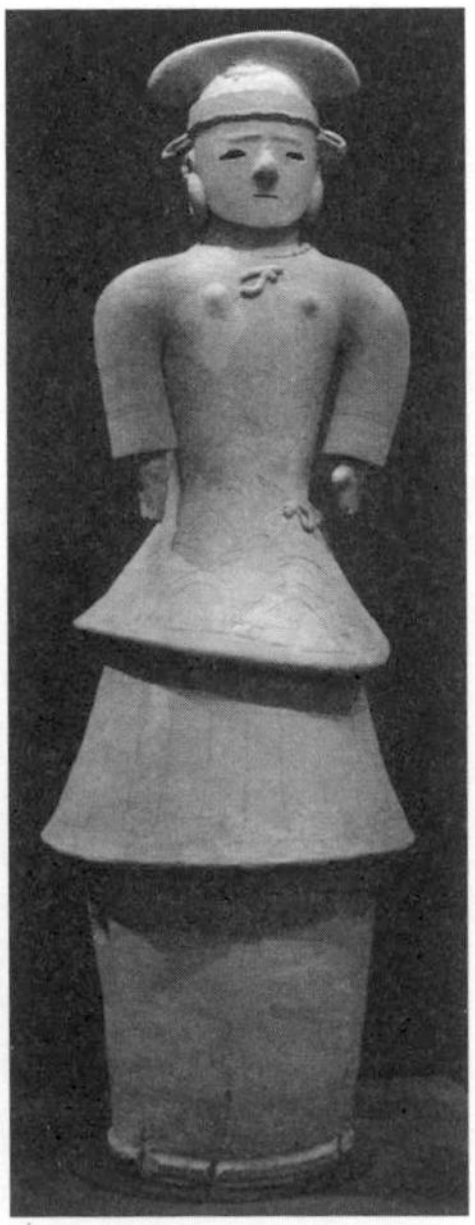

はにわのいろいろ
左　はにわ武装男子（群馬県太田市出土）
右　はにわ盛装女子（群馬県伊勢崎市出土）
上　馬のはにわ（埼玉県熊谷市出土）
（東京国立博物館蔵）

空から見た仁徳天皇陵→
古墳のなかでは、いちばん大きいもので、三重の堀にかこまれ、前後の長さは525.1メートル、前方のはば347メートル、後方の丘の高さ39.8メートル。

国《ごく》から伝《つた》わってきた鏡《かがみ》、日本でまねをしてつくった鏡《かがみ》、剣《けん》や首《くび》かざりや玉など、その人の使《つか》っていた道《どう》具《ぐ》がいっしょに入れてあります。それによって、このころの豪族《ごうぞく》がどんな生活《せいかつ》をしていたか、また、このころにはどんものがつくられていたかがわかります。

天皇《てんのう》の勢力《せいりょく》　大阪《おおさか》市の近くの堺市《さかいし》に**仁**《にん》**徳天皇**《とくてんのう》の墓《はか》といわれる古墳《こふん》がありますが、その広さではエジプトのピラミッド

【注釈】

古墳《こふん》の絵

上の仁徳天皇の陵《みささぎ》とくらべてください。この古墳はいちばん古い形の円形をしたもので、まわりには、はにわがぐるっと取りまいています。

上の天皇の陵《みささぎ》は、前の方

もおよばないものです。**応神天皇**《おうじんてんのう》の墓《はか》と伝《つた》えられる古墳《こふん》も、その近くにありますが、やはり大きなものです。仁徳《にんとく》天皇《てんのう》も応神天皇《おうじんてんのう》も五世紀《せいき》のはじめごろの天皇《てんのう》といわれていますが、これほど大きな古墳《こふん》をつくるのには、どんなに多くの人々の力と、日数《にっすう》がかかったことでしょう。これによっても、このころの天皇《てんのう》の力《ちから》が、たいへん大きかったことがわかります。

古墳文化《こふんぶんか》　古墳《こふん》からは、鉄《てつ》の剣《けん》やよろいなどのほかに、やじりや農具《のうぐ》も出てきますが、鉄《てつ》のものが多いのは、青銅《せいどう》の文化《ぶんか》から鉄《てつ》の文化《ぶんか》へと進《すす》んでいることを示《しめ》しています。古墳《こふん》から発見《はっけん》される**はにわ**も、この時代《じだい》を知《し》るのに大切《たいせつ》なものです。

が角形で、後の方が円形になっています。これは古墳がいちばん発達したころのものです。

このころの豪族《ごうぞく》　古くから朝廷《ちょうてい》につかえていた豪族《ごうぞく》のなかで、勢いの強かったものは、大伴氏《おおともし》・物部氏《もののべし》・蘇我氏《そがし》・中臣氏《なかとみし》などです。大伴・物部氏は武力《ぶりょく》で朝廷を守るやくめ、蘇我氏《そがし》は朝廷の財政《ざいせい》をつかさどるやくめ、中臣氏《なかとみし》は神さまをまつるやくめをしていました。

朝鮮などへせめいったのは、大伴氏《おおともし》が軍隊《ぐんたい》をひきいていきました。朝鮮か

はにわには、このころの人や家や動物《どうぶつ》などがあります。これらを見ると、このころの服装《ふくそう》をはじめ、家や船などが、前《まえ》の時代《じだい》よりずっと進《すす》んできていることがわかります。

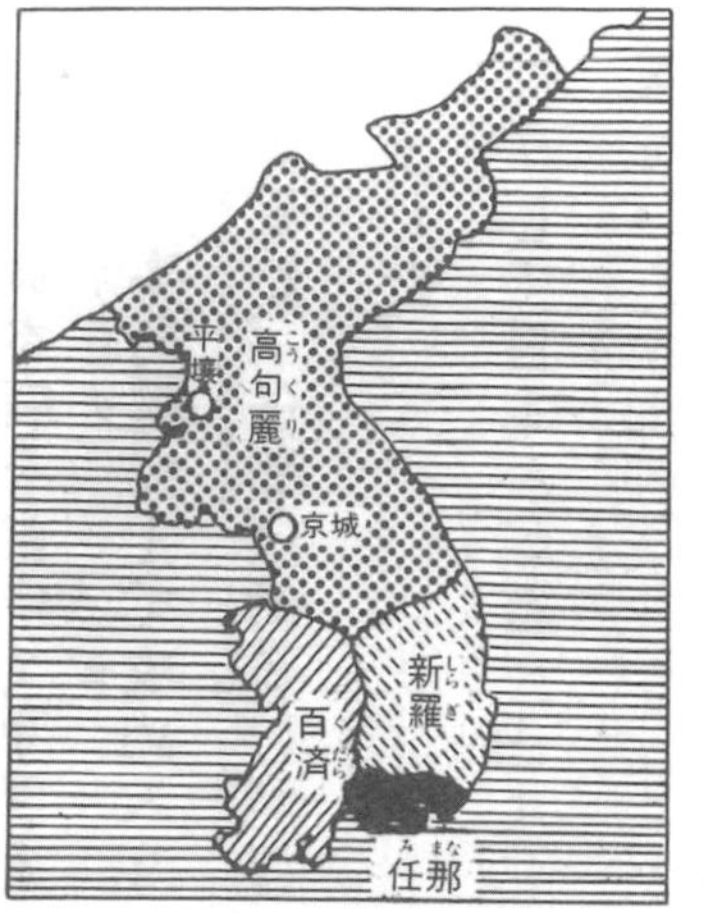

古代朝鮮の地図

朝鮮《ちょうせん》とのあいだがら

大和朝廷《やまとちょうてい》が日本を統一《とういつ》したころ、朝鮮《ちょうせん》では北に高句麗《こうくり》、南の方には東に新羅《しらぎ》、西に百済《くだら》と三つの国がありました。そうして新羅《しらぎ》と百済《くだら》の間に任那《みまな》がはさまって、新羅《しらぎ》と百済《くだら》の国から攻《せ》められていました。四世紀《せいき》の末《すえ》に、大和朝廷《やまとちょうてい》は任那《みまな》に日本府《にっぽんふ》をおいて軍隊《ぐんたい》をおくり、新羅《しらぎ》や百済《くだら》を破《やぶ》らはいってきた品物は蘇我氏がとりあつかっていました。

漢字がつたわる　朝鮮の、百済《くだら》の学者の王仁《わに》という人が日本に、孔子《こうし》のことばをあつめた「論語《ろんご》」や漢字を千こあつめて文にした「千字文《せんじもん》」をもってきて天皇《てんのう》にさしあげました。これが漢字がわが国にきたはじめだといいます。

仏教《ぶっきょう》が伝わる　朝鮮の百済《くだら》の聖明王《せいめいおう》が、日本の欽明天皇《きんめいてんのう》に仏像《ぶつぞう》とお経《きょう》をさしあげたのがはじめで

り、一時は北の高句麗《こうくり》にまで攻《せ》め入りました。しかし、六世紀《せいき》の中《なか》ごろになると、任那《みまな》は新羅《しらぎ》に滅《ほろ》ぼされ、日本も朝鮮《ちょうせん》から兵《へい》を引《ひ》きあげました。

こうして日本が朝鮮《ちょうせん》に出ていったために、朝鮮半島《ちょうせんはんとう》に伝《つた》わってきていた中国《ちゅうごく》の文化《ぶんか》がどんどんと日本に入《はい》ってきました。また、このころには中国《ちゅうごく》や朝鮮《ちょうせん》から日本に移《うつ》り住《す》む人がふえ、農業《のうぎょう》や養蚕《ようさん》、織物《おりもの》、工芸《こうげい》、陶器《とうき》の高い技術《ぎじゅつ》をもった人々も多《おお》く、朝廷《ちょうてい》ではこれらの人々を大切《たいせつ》にしたので、日本の文化《ぶんか》は大へん発達《はったつ》しました。また、このころ**漢字**《かんじ》や**仏教**《ぶっきょう》も伝《つた》わり、日本の精神文化《せいしんぶんか》の発展《はってん》するもとになりました。

朝廷ではこれを信仰してまつるか、どうかで争いがおこりました。まつる方になったのが蘇我氏《そがし》で、反対《はんたい》した物部氏《もののべし》はほろぼされました。

五　聖徳太子《しょうとくたいし》と法隆寺《ほうりゅうじ》

聖徳太子《しょうとくたいし》　六世紀《せいき》の終《おわ》りころ、朝廷《ちょうてい》につかえる豪族《ごうぞく》の間に争《あらそ》いがおこり、蘇我氏《そがし》が勝《か》って、その勢力《せいりょく》は天皇《てんのう》をしのぐほどになり、わがままが多くなりました。

このときに推古天皇《すいこてんのう》を助《たす》けて政治《せいじ》をとられたのが、**聖徳《しょうとく》太子《たいし》**です。太子《たいし》は日本を中国《ちゅうごく》のようにりっぱな国にしたいと考えて、古い豪族《ごうぞく》をおさえて天皇《てんのう》を中《ちゅう》心《しん》にしたよい政治《せいじ》をしようとされました。そのために新しい身分《みぶん》のきまりをつ

聖　徳　太　子

【注釈】

十七条《じょう》の憲法《けんぽう》
十七条あって、そのおもなものを書《か》きぬいてみますと、

一、おたがいになかよくして、争《あらそ》わないことがたいせつである。
一、仏教《ぶっきょう》をうやまう。
一、天皇《てんのう》の命令《めいれい》にはかならず従《したが》う。
一、役人《やくにん》は、百姓《ひゃくしょう》を苦《くる》しめてはいけない。
一、物事《ものごと》は何《なん》でも、ひとりできめてはいけない。

などでした。

← 法　隆　寺
右に五重の塔、左に金堂がならんでいます。金堂の壁画は世界的な作品でしたが、昭和24年に焼けてしまいました。

くったり、**十七条《じょう》の憲法《けんぽう》**をつくって、政《せい》治《じ》の理《り》想《そう》や役人《やくにん》の守《まも》るこころがまえをさとされました。

このほか、人々の気持《きも》ちをなごやかにするために、仏教《ぶっきょう》を国民《こくみん》にすすめました。そしてお経《きょう》の本を書いたり、奈良《なら》の**法隆寺《ほうりゅうじ》**などりっぱな寺も建《た》てました。

中国《ちゅうごく》とのつきあい　そのころ中国《ちゅうごく》では隋《ずい》が天下《てんか》を統一《とういつ》して大へんさかんで、文化《ぶんか》も栄《さか》えていました。太子《たいし》は中国《ちゅうごく》のすぐれた

法隆寺《ほうりゅうじ》　聖徳太子《しょうとくたいし》が建《た》てた寺に、奈良《なら》の斑鳩《いかるが》の法《ほう》隆寺《りゅうじ》と、大阪（難波《なにわ》）の四天王寺《してんのうじ》とがあります。四天王寺《してんのうじ》の建物は新しいものです。法隆寺《ほうりゅうじ》も、太子の建《た》てられたままであるという人と、一度焼《や》けて、天智天皇《てんじてんのう》のころ建《た》てなおしたという人がありますが、どちらにしても世界《せかい》でいちばん古い木造《もくぞう》の建物《たてもの》です。その模様《もよう》や柱《はしら》にはギリシアやペルシアのえいきょうが見られます。

隋《ずい》（五八九―六一八年）漢《かん》がほろびてながくみだ

文化《ぶんか》や政治《せいじ》のしくみを取《と》り入れようとして、中国《ちゅうごく》と交《まじ》わりをさかんにしようとしました。そこで**小野妹子**《おののいもこ》を使いとして**隋**《ずい》につかわしましたが、東洋《とうよう》一といわれた隋《ずい》に対《たい》して少しもひくつなたいどをとらず、堂々《どうどう》とした国書《くにしょ》を送り隋《ずい》をおどろかせました。

また、隋《ずい》へは小野妹子《おののいもこ》といっしょに多くの学生《がくせい》や僧《そう》を勉強《べんきょう》に送りました。この人々は後《のち》に中国《ちゅうごく》からかえって、大切《たいせつ》な役《やく》につき、いろいろ日本のためにつくしました。しかし、この人々はただ中国《ちゅうごく》のすぐれた政治《せいじ》や文化《ぶんか》をそのまま、まねしたのではありません。このころさかんにつくられた仏像《ぶつぞう》や寺のように、日本の土地《とち》によくあった工夫《くふう》がこらされ、日本らしい、すぐれた文化《ぶんか》を、生《う》みだしました。

遣隋使《けんずいし》　六〇七年に小《お》野妹子《ののいもこ》が隋にいったのがはじまりですが、「日の出る国の天子《てんし》、日の沈《しず》む国の天子《てんし》に書を送る」という国書《こくしょ》（国から国にだすおおやけの文）を持っていきました。道すじは大阪から瀬戸内海《せとないかい》をとおり、筑前《ちくぜん》（福岡県）から

れていた中国《ちゅうごく》を統一《とういつ》しましたので、花が一時に咲いたように文化がさかえました。すぐにほろびましたが、その文化は唐《とう》（六一八—九〇七年）にうけつがれて、いっそうはなばなしくさかえました。

世界《せかい》で一ばん古い木造建築《もくぞうけんちく》である法隆寺《ほうりゅうじ》の建《た》て方は、日本独特《どくとく》のもので、しかもあたりの土地《とち》によくあったすぐれた美しさをもっています。この聖徳太子《しょうとくたいし》のころの文化《ぶんか》を**飛鳥《あすか》文化《ぶんか》**といいます。

中国《ちゅうごく》で隋《ずい》が滅《ほろ》んで唐《とう》の世《よ》になると、唐《とう》に使《つか》いをおくりました。この隋《ずい》や唐《とう》につかわした使《つか》いを、**遣隋使《けんずいし》**、**遣唐使《けんとうし》**といいます。

大化《たいか》の改新《かいしん》　聖徳太子《しょうとくたいし》がなくなると、蘇我氏《そがし》は勢《いきお》いをもりかえして、またもやわがままをはじめたので**中大兄皇子《なかのおおえのおうじ》**（後《のち》の天智天皇《てんじてんのう》）や**中臣鎌足《なかとみのかまたり》**（後《のち》の藤原鎌足《ふじわらのかまたり》）らは、蘇我《そが》氏《し》を滅《ほろ》ぼしました。そして、中国《ちゅうごく》で勉強《べんきょう》をしてきた人々を用いて、六四五年、新しく政治《せいじ》のしくみをかえました。こ

壱岐《いき》・対馬《つしま》をへて、朝鮮《ちょうせん》半島の西海岸《かいがん》ぞいに遼東《りょうとう》半島《はんとう》から山東半島《さんとうはんとう》に渡って上陸しました。

遣唐使船

のときはじめて**大化**《たいか》という年号をつくったので、これを大《たい》化《か》の改新《かいしん》といいます。

政治《せいじ》のたてなおしによって、今まで豪族《ごうぞく》のもっていた土《と》地《ち》や人民《じんみん》は天皇《てんのう》のものとなり、土地《とち》はきまりによって全部《ぜんぶ》人民《じんみん》にわけられました。そして国できめた役人《やくにん》が中央《ちゅうおう》や地《ち》方《ほう》の政治《せいじ》をすることになりました。

大宝律令《たいほうりつりょう》　この大きくかわった政治《せいじ》のしくみは、**天智**《てんじ》**天皇**《てんのう》から**天武**《てんむ》**天皇**《てんのう》の時代にわたって、いろいろな法律《ほうりつ》できめられ、その法律《ほうりつ》は八世紀《せいき》のはじめ**大宝律令**《たいほうりつりょう》という法律集《ほうりつしゅう》となってととのいました。

こうした改革《かいかく》によってますます天皇《てんのう》の勢力《せいりょく》は大きなものとなりました。

大化《たいか》**の改新**《かいしん》**のおもなこと**

①豪族《ごうぞく》の土地人民をとりあげて朝廷《ちょうてい》のものにした。

②戸籍《こせき》をつくり人口をしらべて男子には田二反、女子にはその三分の二をあたえ、死ぬと国にかえすことにした。（口《く》分田《ぶんでん》）

③税のきまりができた。

六　奈良《なら》の都《みやこ》と大仏《だいぶつ》

東大寺の大仏（盧舎那仏像）

平城京《へいじょうきょう》　大化《たいか》の改新《かいしん》で国がととのい、勢《いきお》いがさかんになってきたので、八世紀《せいき》のはじめ**元明天皇**《げんめい》の世に唐《とう》の都《みやこ》、長安《ちょうあん》にならって、奈《な》良《ら》に平城京《へいじょうきょう》をつくりました。東西《とうざい》が約《やく》四キロメートル、南北《なんぼく》が約《やく》四・五キロメートルの長《ちょう》方形《ほうけい》で、道路《どうろ》がごばんの目のように美しく走《はし》り、その道路《どうろ》にそって朱《しゅ》の柱《はしら》や青い屋根《やね》の宮殿《きゅうでん》や貴族《きぞく》のやしきがたちならび、さく花のにおうがようにと歌《うた》われるほど見事《みごと》な都《みやこ》がつくられました。この時代《じだい》の文《ぶん》化《か》を**天平文化**《てんぴょうぶんか》といいます。

産業《さんぎょう》**の発達**《はったつ》　このようにりっぱな都《みやこ》がつくられるようになったのは、しだいに産業《さんぎょう》が発達《はったつ》して、国がゆたかになったからでした。麦《むぎ》や茶《ちゃ》がつくられるようになり、水利《すいり》がよくなって、稲《いね》をつくる技術《ぎじゅつ》がすすんだほか、金《きん》や銅《どう》などの鉱物《こうぶつ》もとれるようになりました。唐《とう》の貨幣《かへい》にまねて、「**和同開弥**《わどうかいほう》」という貨幣《かへい》がはじめてつくられたのも、このころでした。しかし、この貨幣《かへい》は、都《みやこ》の東、西の二つの市《いち》で使《つか》われたほかには、国内《こくない》であまり使《つか》われませんでした。

この都《みやこ》の市《いち》では、米、しお、さかな、織物《おりもの》などを売《う》る店が八十あまりもあったといわれます。地方《ちほう》でも交通《こうつう》の便利《べんり》なところや、神社《じんじゃ》、寺の前に市《いち》がたつようになりました。

正倉院《しょうそういん》　天皇《てんのう》は、代々仏教《だいだいぶっきょう》をたっとんできましたが、**聖武**《しょうむ》**天皇**《てんのう》はとくに熱心《ねっしん》に仏教《ぶっきょう》を信じ仏教《ぶっきょう》をひろめることに力をつくしました。地方《ちほう》の国ごとに**国分寺**《こくぶんじ》をたて、その中心《ちゅうしん》とし

【注釈】

和同開弥

東大寺《とうだいじ》**の大仏**《だいぶつ》　聖武《しょうむ》天皇は仏教のおしえで国をおさめようとして地方の国々に国分寺をたてましたが、その総本山《そうほんざん》に東大《とうだい》寺《じ》をたてて総国分寺《そうこくぶんじ》としました。ですから、この寺にまつる仏像《ぶつぞう》も大きなものをというので、高さ十六メートルあまり、顔の長さだけで五メートルちかいものをつくりまし

て奈良《なら》に**東大寺**《とうだいじ》をつくりました。ここには有名《ゆうめい》な大仏《だいぶつ》があります。

東大寺《とうだいじ》には**正倉院**《しょうそういん》という倉《くら》があって、聖武《しょうむ》天皇《てんのう》の使《つか》った日用品《にちようひん》や飾《かざ》りなどがおさめてあります。なかには、美しいししゅうのついた織物《おりもの》や、楽器《がっき》や食器《しょっき》など、千年以上《いじょう》も前のままの姿《すがた》で残《のこ》っています。唐《とう》のものを手本《てほん》にしてつくったものが多いのですが、遠《とお》く中央《ちゅうおう》アジアから渡《わた》ってきたものもあります。これを見ると、日本の当時の美術工芸《びじゅつこうげい》がどんなにすぐれていたかがわかりますが、そのころの世界《せかい》の文化《ぶんか》のはなた。

正　倉　院

この大仏《だいぶつ》をおさめた大仏《だいぶつ》殿《でん》は平安《へいあん》時代の末《すえ》に焼《や》けたので、今のものは小さくなっていますが、それでも木造《もくぞう》の建物《たてもの》では世界で一ばん大きいものです。

むかしの歴史《れきし》の書物《しょもつ》　わが国《くに》にも大《おお》むかしは字《じ》がありませんでしたので、歴史《れきし》の本などありませんでした。そこで朝廷《ちょうてい》ではむかしからの出来事《できごと》を頭でおぼえておいて、子や孫《まご》に口でいい伝《つた》えをおぼえさせておく役目《やくめ》の人をつくりました。これを語《かた》り部《べ》といいます。この語部《かたりべ》

やかさも知《し》ることができます。

歴史《れきし》の書物《しょもつ》　国がととのい、文化《ぶんか》が高まってきたので、日本の発展《はってん》をふりかえって見るようになりました。**古事記《こじき》**や**日本書紀《にほんしょき》**などの歴史《れきし》の書物《しょもつ》が、このころにつくられました。

これは日本が大和朝廷《やまとちょうてい》を中心として、どのように発展《はってん》してきたかを、日本の人や外国《がいこく》の人に知《し》らせようとして書かれたものです。その中には神話《しんわ》や伝説《でんせつ》もまじっていますが、大《おお》むかしからの日本の国の移《うつ》り変《か》わりやそのころの人々の考《かんが》え方やくらし方などを研究《けんきゅう》するのに大切《たいせつ》な本です。また、日本の各地《かくち》の伝説《でんせつ》や産物《さんぶつ》、土地《とち》のようすをかいた**風土記《ふどき》**という本もできました。

有名《ゆうめい》な**万葉集《まんようしゅう》**もこの時代《じだい》につくられました。この歌集《かしゅう》に

に稗田阿礼《ひえだのあれ》という人がおりました。七一二年天皇《てんのう》はこの阿礼《あれ》の話すことを太安万侶《おおのやすまろ》に書かせてととのえさせて、**古事記《こじき》**という、わが国で一ばん古《ふる》い歴史《れきし》の本をつくらせました。

その上巻《じょうかん》は神話《しんわ》で神さまがたの話です。中巻《ちゅうかん》が伝説《でんせつ》で、神武天皇《じんむてんのう》から応神天皇《おうじんてんのう》までの言《い》い伝《つた》えてきた話、下巻《げかん》が仁徳《にんとく》天皇《てんのう》から推古天皇《すいこてんのう》までの天皇《てんのう》がおこなってきたしごとがかいてあります。

万葉集《まんようしゅう》　二十巻《かん》からできていて、天皇《てんのう》、皇后《こうごう》、皇《おう》

は天皇《てんのう》をはじめ、農民《のうみん》まで、いろいろな身分《みぶん》の人の歌《うた》が四千五百ばかりも集《あつ》めてあり、このころの人のおおらかな気持《きも》ちや歴史《れきし》にも書かれていない時代《じだい》のようすなどがよくわかります。

民衆《みんしゅう》の生活《せいかつ》と政治《せいじ》のゆるみ　このように、この時代《じだい》は日本の文化《ぶんか》が大へんたかまったのですが、仏教《ぶっきょう》をたっとんで、お寺をたてたり、仏像《ぶつぞう》をつくったり、都《みやこ》をつくったりするのに、大へんな費用《ひよう》がいりました。それは農民《のうみん》から税《ぜい》としてきびしくとりたてたものでした。そのため、農民《のうみん》の生活《せいかつ》は苦《くる》しくなるばかりでした。一方《いっぽう》、僧《そう》の力があまり大きくなって政治《せいじ》に口をだし、道鏡《どうきょう》のように天皇《てんのう》の位《くらい》までうかがうものもでて、世の中がしだいにみだれてきました。

子《じ》から貴族《きぞく》、役人の歌が多くのっていますが、農民、漁夫《ぎょふ》、兵士《へいし》のものもあります。有名な歌人としては柿本人麻呂《かきのもとのひとまろ》、山上憶良《やまのうえのおくら》、山部赤人《やまべのあかひと》、大伴旅人《おおとものたびと》、大伴家持《おおとものやかもち》などです。

七　平安《へいあん》の都《みやこ》と貴族《きぞく》のくらし

平安京《へいあんきょう》　奈良《なら》の政治《せいじ》がみだれはじめたので、桓武天皇《かんむてんのう》は仏教《ぶっきょう》との悪《わる》いつながりをたって人の心を新しくするために、七九四年、都《みやこ》を今の京都《きょうと》にうつしました。これは平安《へいあん》京《きょう》とよばれ、東京に都《みやこ》がかわるまで約千百年の間《あいだ》、日本の都《みやこ》としてつづきました。

この都《みやこ》も平城京《へいじょうきょう》とおなじように唐《とう》の都《みやこ》を手本《てほん》にしましたが、平城京《へいじょうきょう》よりはずっと大きく、よくととのっています。そして奈良時代《ならじだい》のように僧《そう》が政治《せいじ》に関係《かんけい》し

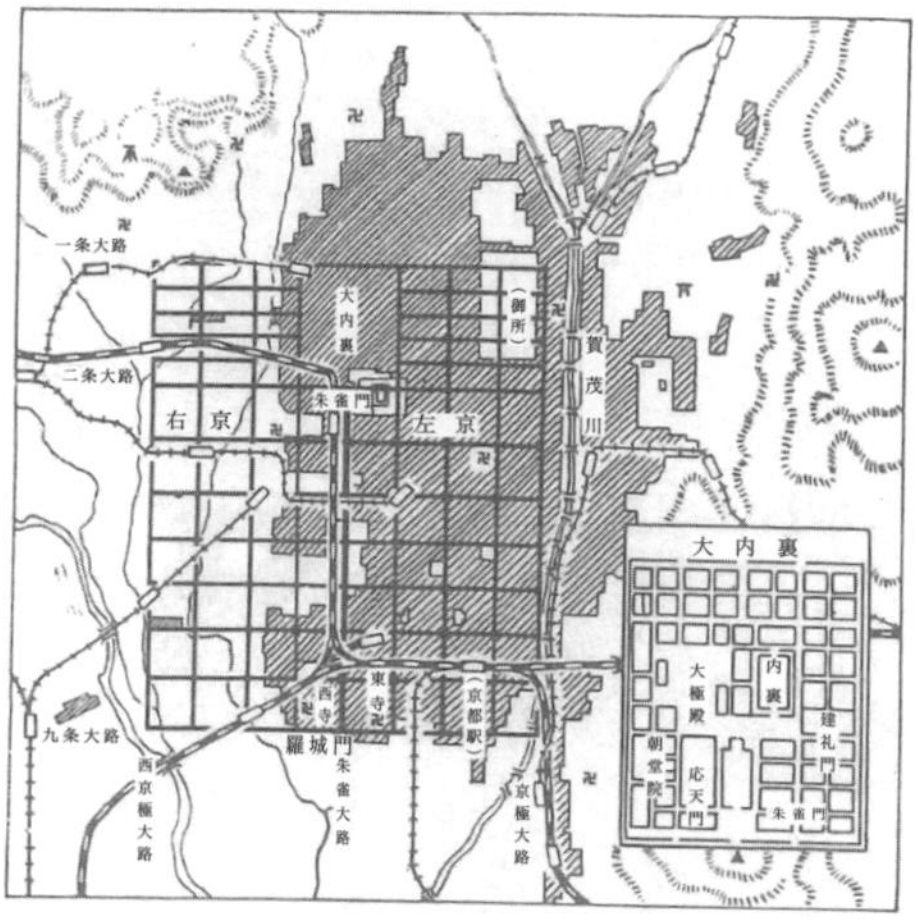

平　安　京

【注釈】

学校《がっこう》のはじまり　奈良時代から貴族《きぞく》は自分《じぶん》の家で先生について学問《がくもん》をしていました。聖徳太子《しょうとくたいし》が法《ほう》隆寺《りゅうじ》のなかに法隆寺学問《ほうりゅうじがくもん》所《しょ》をつくって僧《そう》に勉強《べんきょう》をさせました。平安時代《へいあんじだい》は学問がさかんで貴族《きぞく》が私立の学校をたてて一族の子供たちの教育《きょういく》をやりました。藤原氏《ふじわらし》のつくった勧学院《かんがくいん》はその一つです。僧《そう》、空海《くうかい》のたてた学校はいっぱんの身分《みぶん》のひくい人々も教育《きょういく》しました。

ないように、都《みやこ》のなかに寺をつくることをかたく禁《きん》じました。そして唐《とう》で仏教《ぶっきょう》を学んでくるように**最澄**《さいちょう》と**空海**《くうかい》をつかわしました。二人は新しい仏教《ぶっきょう》を学《まな》んでくると、最澄《さいちょう》は京都の北の比叡山《ひえいざん》に延暦寺《えんりゃくじ》をたてて**天台宗**《てんだいしゅう》を、空海《くうかい》は和歌山《わかやま》県の高野山《こうやさん》に金剛峰寺《こんごうぶじ》をたてて**真言宗**《しんごんしゅう》をひろめました。また、このころ朝廷《ちょうてい》によくそむいていた東北地方《とうほくちほう》をしずめに**坂上田村麻呂**《さかのうえのたむらまろ》をつかわしました。こうして政治《せいじ》はひきしめられ、おだやかな時代《じだい》がつづきました。

藤原氏《ふじわらし》**のさかえ**　このころ貴族《きぞく》のなかでいちばん勢力《せいりょく》のあったのは藤原氏《ふじわらし》です。藤原氏《ふじわらし》は大化《たいか》の改新《かいしん》に大きな手がらのあった鎌足《かまたり》の子孫《しそん》です。うまくほかの貴族《きぞく》をおさえ、皇室《こうしつ》と親《しん》せきになって、ますます勢《いきお》いをのばし、**摂政**《せっしょう》や**関**《かん》

空海《くうかい》（七七四—八三五年）弘法大師《こうぼうだいし》ともいいます。金剛峰寺《こんごうぶじ》をたてて真言宗《しんごんしゅう》をひろめたほかに、国々をめぐって讃岐《さぬき》（香川県）に満濃池《まんのういけ》をつくって農業に役立てたり、綜芸種智《しゅげいしゅち》院《いん》をたてて教育にあたったりしました。書道も上《じょう》手《ず》で嵯峨《さが》天皇、橘逸勢《たちばなのはやなり》とともに三筆《ぴつ》の一人にかぞえられました。

摂政《せっしょう》　年のゆかない天皇にかわって政治を見る役《やく》目《め》ですが、貴族では藤原良房《よしふさ》が九世紀《せいき》ごろにはじめてなりました。

白《ぱく》になって天皇《てんのう》にかわって政治《せいじ》をとりました。

とくに十一世紀《せいき》のはじめの**藤原道長**《ふじわらみちなが》のころが、いちばんさかんで、政治《せいじ》の大切《たいせつ》な役《やく》は一族《いちぞく》でひとりじめにして思うままの政治《せいじ》をしました。

かなの発明《はつめい》

平安京《へいあんきょう》になってからも、唐《とう》との交《まじ》わりはつづいていましたが、唐《とう》の国がみだれておとろえましたので、唐《とう》との交《まじ》わりも、九世紀《せいき》の終《お》わりにやめることになりました。そこで、しぜんに、今まで学《まな》んだ外国《がいこく》の文化《ぶんか》をもと

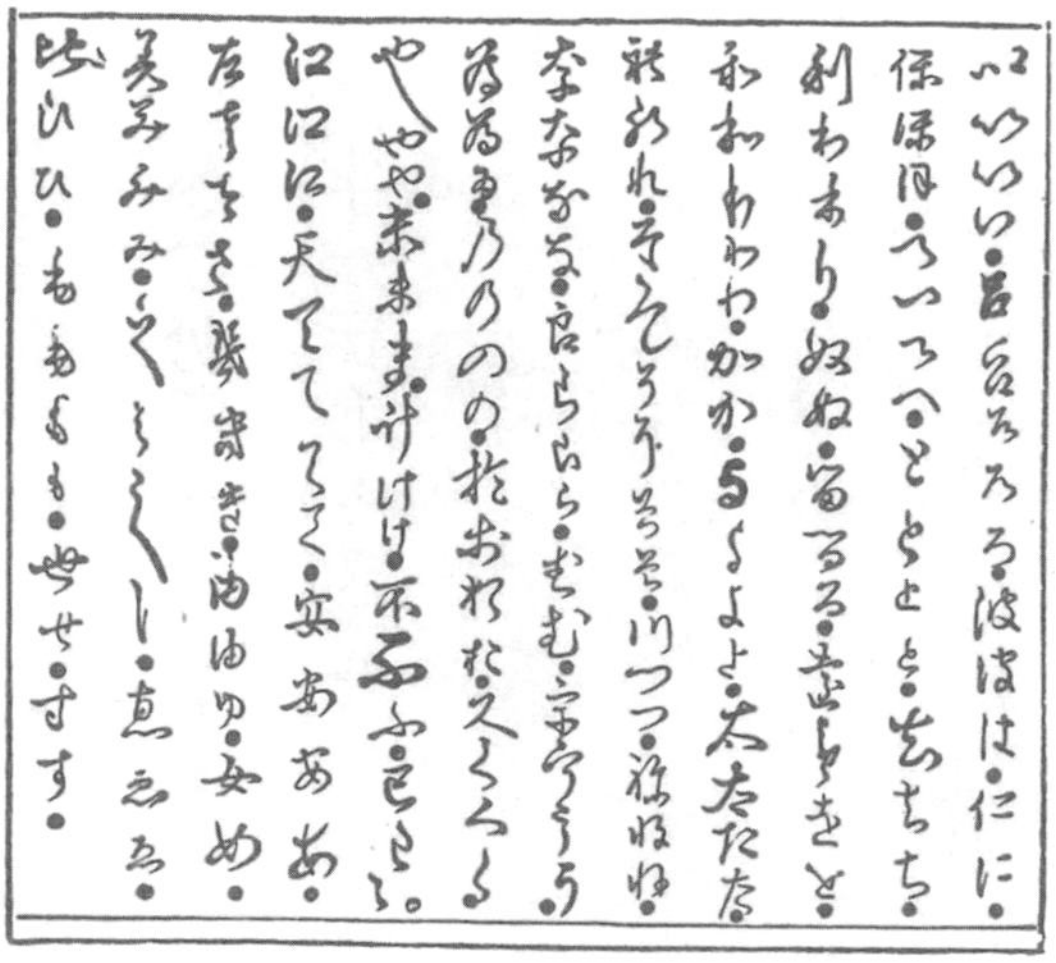

かな

関白《かんぱく》　政府の役人をひきいて天皇の政治を助けるいちばんくらいの高い役人のことです。藤原基経《もとつね》がはじめてなりました。

遣唐使《けんとうし》　遣隋使《けんずいし》につづいて遣唐使《けんとうし》が中国《ちゅうごく》の唐《とう》におくられました。大和《やまと》・奈良時代《ならじだい》に十四回いき、平安時代《へいあんじだい》にも二回いきましたが、船といっても長さが三十メートル、はば四メートルぐらいの船で、帆《ほ》のしかけもよくなく、途中《とちゅう》で沈《しず》んだり、遠くへ流されたりして、損害《そんがい》も大きく、唐《とう》もみだれてきたので、八九四年にやめ

にして日本の国にあった文化《ぶんか》がおこってきました。その一つは**かな**ができたことです。

漢字《かんじ》が伝《つた》わってきてから、ことばを文字《もじ》であらわすことができるようになりましたが、大へん不便《ふべん》であったので、九世紀《せいき》の終《おわ》りごろに、漢字《かんじ》をくずした形《かたち》で、**ひらがな**が、漢字《かんじ》のへんやつくりから、**かたかな**ができました。このかなを使《つか》うとことばが自由《じゆう》に書きあらわせるので、すぐに人々の間で使《つか》われるようになり、物語《ものがたり》などがたくさん書かれるようになりました。

かぐや姫《ひめ》で名高い「**竹取物語**《たけとりものがたり》」はかな文学《ぶんがく》の最初《さいしょ》の作品《さくひん》といわれていますが、世界的《せかいてき》な作品《さくひん》といわれる「**源氏物語**《げんじものがたり》」が**紫式部**《むらさきしきぶ》によって、随筆の「**枕草子**《まくらのそうし》」が**清少納言**《せいしょうなごん》にることになりました。

宇治の平等院鳳凰堂

寝殿造り《しんでんづくり》　貴族の住むところを寝殿《しんでん》といったので寝殿造り《しんでんづくり》とよばれます。

よって書かれたのもこのころです。このように女性《じょせい》によって多くの作品《さくひん》が書かれたのも、この時代《じだい》の特色《とくしょく》です。

寝殿造《しんでんづく》りと大和絵《やまとえ》　この頃《ころ》の貴族《きぞく》の家を寝殿造《しんでんづく》りといい、たたみやふすまが使《つか》われ、庭《にわ》には美しい花のさく築山《つきやま》や池《いけ》がつくられました。今、宇治《うじ》にある**平等院《びょうどういん》**の**鳳凰堂《ほうおうどう》**は、この寝殿造《しんでんづく》りの美しさを生かした代表的《だいひょうてき》な建物《たてもの》です。

また、ふすまには美しいけしきがかかれました。これを**大和絵《やまとえ》**といいます。また、物語《ものがたり》などを説明《せつめい》する絵《え》を何枚《なんまい》もあわせた**絵巻物《えまきもの》**もその一つです。

民衆《みんしゅう》の生活《せいかつ》　平安《へいあん》の文化《ぶんか》がさかえ、京都では織物《おりもの》や工芸《こうげい》をつくる職人《しょくにん》があらわれ、これらの品物《しなもの》をあきなう**市《いち》**が開かれました。市《いち》のなかの店《みせ》では、板《いた》の上や、たなの上に

その寝殿《しんでん》はやしきのまん中に南むきにあり、美しい庭にむいていました。その東・西・北に家があり、北には夫人、東西には家族がすんでいました。

大和絵《やまとえ》　はじめ絵画《かいが》も中国からはいってきましたので、中国風の絵がかかれていました。平安時代《へいあんじだい》になってから日本の風《ふう》ぞくや日本のけしきを日本風《ふう》にかくことがはじまりました。中国風の絵を唐絵《からえ》といっていたので、日本風のものを大和絵《やまとえ》といいました。

品物《しなもの》をならべたので店《みせ》とか、**たな**とよぶ商店《しょうてん》をあらわすことばもうまれました。

しかし、地方では農民《のうみん》はまずしいくらしをしていました。貴族《きぞく》のはなやかな生活《せいかつ》や国の財政《ざいせい》をまかなう税金《ぜいきん》は、農民《のうみん》からでていたからです。やがて地方では山賊《さんぞく》や海賊《かいぞく》があらわれはじめました。

鳥獣戯画《ちょうじゅうぎが》（鳥羽僧正《とばそうじょう》筆）
かえるやうさぎ・さるなどが、おもしろくえがかれています。絵巻物の一つです。

八　武士《ぶし》の中央進出《ちゅうおうしんしゅつ》

武士《ぶし》のおこり　大化《たいか》の改新《かいしん》できめた土地《とち》のわけかたは、その後しだいにくずれてきました。政府《せいふ》は土地《とち》が不足《ふそく》なので開《かい》こんをしょうれいしたので、力のある貴族《きぞく》や寺社《じしゃ》は、新しい土地《とち》を開《ひら》いて税《ぜい》を納《おさ》めないですむ私有地《しゆうち》にしました。これを**荘園《しょうえん》**といいます。税《ぜい》が重くて生活《せいかつ》に苦《くる》しむ農民《のうみん》は、自分の土地《とち》をすてて荘園《しょうえん》で働《はたら》きました。荘園《しょうえん》の中には**名主《みょうしゅ》**とよばれる地主《じぬし》がいましたが、世の中が乱《みだ》れてくると名主《みょうしゅ》は武器《ぶき》をとって荘園《しょうえん》を守《まも》りました。これが武士《ぶし》のおこりです。武士《ぶし》は力の強《つよ》い**頭領《とうりょう》**（頭《かしら》）について集団《しゅうだん》をつくりましたが、東国《とうごく》の**源氏《げんじ》**、西国《さいこく》の**平氏《へいし》**はその頭領《とうりょう》の代表的《だいひょうてき》なもので、武士《ぶし》はこの頭領《とうりょう》に従《したが》って戦《たたか》いにでかけましたの

【注釈】

荘園《しょうえん》　大化《たいか》の改新《かいしん》で土地は国のものになりましたが、役人《やくにん》や寺社《じしゃ》には期間《きかん》をきめて土地をあたえました。これがいつの間にか私有地《しゆうち》になりました。また人口《じんこう》がふえて土地がたりなくなり、開《かい》こんをすすめて開いた土地は永久《えいきゅう》に自分のものにすることをゆるしたので、私有《しゆう》地《ち》がふえました。これらが寺社《じしゃ》や有力《ゆうりょく》な貴族《きぞく》の手にあつまっていきました。この私有地《しゆうち》が荘園《しょうえん》です。力のある荘園《しょうえん》の持ち主《ぬし》は、荘園《しょうえん》の税金《ぜいきん》を払《はら》わないで

で、主人《しゅじん》と家来《けらい》のかたい関係《かんけい》がむすばれていきました。

院政《いんせい》　そのころ都《みやこ》では**白河天皇《しらかわてんのう》**が天皇《てんのう》の位《くらい》をゆずって上《じょう》皇《こう》となったのちも、政治《せいじ》をおこなって、わがままな藤原氏《ふじわらし》をおさえようとしました。上《じょう》皇《こう》のすまいを院《いん》といったので、その政治《せいじ》を**院政《いんせい》**とよびました。やがて院政《いんせい》が政治《せいじ》の中《ちゅう》心《しん》となりましたが、代々《だいだい》の上《じょう》皇《こう》はあつく仏教《ぶっきょう》を信仰《しんこう》したので、坊《ぼう》さんたちの力が強《つよ》くなり、大きな寺ではたくさんの**僧兵《そうへい》**をやしなって、気に入ら

僧　兵

すむ権利《けんり》や、役人《やくにん》が入ってくるのをこばむ権利《けんり》をもっていました。

名主《みょうしゅ》　荘園《しょうえん》のなかの地主《じぬし》で力のあるものは、自分の田に自分の名をつけて他の田と区別《くべつ》しました。これを名田《みょうでん》といい、持ちぬしを名主《みょうしゅ》といいました。

院政《いんせい》と武士《ぶし》　院政《いんせい》をはじめられた白河上皇も僧兵がいうことをきかず、なにかにつけて京都にあばれこむのに手をやきました。そこで院を守る武士(北面《ほくめん》の武士という)をおき、源氏と平氏で交《こう》たい

ないことがあると乱暴《らんぼう》をはたらくようになってきました。
この僧兵《そうへい》をおさえるには、僧兵《そうへい》よりも強《つよ》い武士《ぶし》の力をかりる必要《ひつよう》ができました。そのために武士《ぶし》が都《みやこ》をまもり、やがて政治《せいじ》にも関係《かんけい》するようになりました。

源氏《げんじ》と平氏《へいし》　十二世紀《せいき》の中ごろ、朝廷内部《ちょうていないぶ》や藤原氏《ふじわらし》の間で争《あらそ》いがおこりました。どちらも源氏《げんじ》や平氏《へいし》の武士《ぶし》を味方《みかた》にして戦《たたか》いました。これを**保元《ほうげん》の乱《らん》**といいます。この戦《たたか》いに源氏《げんじ》の大将源義朝《みなもとのよしとも》や平氏《へいし》の大将**平清盛《たいらのきよもり》**が味方した方が勝《か》ったので、この二人の力が強《つよ》くなりました。

平　清　盛

で守らせました。
源氏《げんじ》と平氏《へいし》　源氏《げんじ》は清和《せいわ》天皇、平氏《へいし》は桓武《かんむ》天皇から出ています。源氏《げんじ》は十一世紀の末ごろ東北で阿倍《あべ》氏がそむいたのを源《みなもとの》頼義《よりよし》、義家《よしいえ》が討《う》って関東《かんとう》の武士《ぶし》の間に大きな力をもつようになりました。平氏は院政《いんせい》になって白河《しらかわ》上皇《じょうこう》の信用《しんよう》をえて、瀬戸《せと》内海《ないかい》の海賊《かいぞく》を討《う》って西国《さいこく》に力をもちました。平治《へいじ》の乱《らん》ののちは、源氏はまったくふるいませんでしたが、一一八〇年に頼朝《よりとも》が兵をあげ、弟義経《よしつね》が一一八五年平氏を壇《だん》の

間《ま》もなくこの二人の間に争《あらそ》いがおこり、平清盛《たいらのきよもり》が勝《か》ちました。これを**平治《へいじ》の乱《らん》**といいます。この結果《けっか》、清盛《きよもり》は藤原氏《ふじわらし》にかわるほどの力をもつようになり、**太政大臣《だじょうだいじん》**となって政《せい》治《じ》をとるようになりました。そして一族《いちぞく》はそれぞれ高い位《くらい》につき、勢《いきお》いにまかせて、おごりたかぶり、政治《せいじ》をわすれるようになりましたから、わずか二十年で源氏《げんじ》に滅《ほろ》ぼされてしまいました。

浦《うら》にほろぼして源氏の世の中になりました。

学習することがら

1.平安時代に文化が日本化したのは、なぜでしょう。

2.武士はどのようにしておこりましたか。

九　武《ぶ》家《け》政《せい》治《じ》のはじまり

源　頼　朝

鎌倉幕府《かまくらばくふ》　平氏《へいし》をほろぼした**源頼朝《みなもとのよりとも》**は、鎌倉《かまくら》に武士《ぶし》をとりしまる**幕府《ばくふ》**という役所《やくしょ》を開《ひら》きました。そしていくさや警察《けいさつ》の仕事《しごと》をする**守護《しゅご》**や、税《ぜい》をとる**地頭《じとう》**を全国《ぜんこく》において、それに自分の家来《けらい》をもちいました。そこで頼朝《よりとも》の勢力《せいりょく》は全国《ぜんこく》にひろがっていきました。

一一九二年には**征夷大将軍《せいいたいしょうぐん》**になったので、これから、武《ぶ》

【注釈】

幕府《ばくふ》のしくみ　次の三つの役所が鎌倉《かまくら》にもうけられました。

侍所《さむらいどころ》―武士《ぶし》をとりしまり、いくさや警察《けいさつ》のしごとをする。

公文所《くもんじょ》（政所《まんどころ》）―政治をする。

門注所《もんちゅうじょ》―さいばんのしごとをする。また、地方では、守護《しゅご》は国ごとおかれ、地《じ》頭《とう》は荘園《しょうえん》におかれました。

征夷大将軍《せいいたいしょうぐん》　むかしは東北の蝦夷《えぞ》などのそむいたのを討《う》つ軍の大将のことでしたが、頼朝《よりとも》からは武

士《し》による政治《せいじ》がはじまりました。この**武家政治《ぶけせいじ》**は徳川幕府《とくがわばくふ》がたおれるまで六七六年つづきました。

武士《ぶし》の力がつよくなると、これまで土地《とち》をもっていた貴族《きぞく》や寺社《じしゃ》は、武士《ぶし》に土地《とち》をうばわれ、朝廷《ちょうてい》の役人《やくにん》である国《こく》司《し》もしだいに力が弱《よわ》くなっていきました。

北条氏《ほうじょうし》の政治《せいじ》　源氏《げんじ》の将軍《しょうぐん》が三代《さんだい》の実朝《さねとも》でたえると、幕《ばく》府《ふ》の実権《じっけん》は、将軍《しょうぐん》を助《たす》ける役目《やくめ》の**執権《しっけん》**であった北条氏《ほうじょうし》にうつりました。北条氏《ほうじょうし》は政治《せいじ》に熱心《ねっしん》であったので幕府《ばくふ》のきそはしっかりしてきました。

北　条　時　政

朝廷《ちょうてい》が幕府《ばくふ》から政権《せいけん》をとりか

士のいちばんのかしらのことをいい、幕府《ばくふ》の長《ちょう》がなる役目になりました。

執権《しっけん》北条氏《ほうじょうし》　執権《しっけん》は鎌倉《かまくら》幕府《ばくふ》で将軍《しょうぐん》を助《たす》ける一ばん高い役目《やくめ》で、二代将軍《しょうぐん》頼家《よりいえ》のときにできました。頼朝《よりとも》の妻政子《つままさこ》の父は北条時政《ときまさ》で、この時政《ときまさ》がはじめて執権《しっけん》になり、それから代々《だいだい》この役につきました。泰時《やすとき》は三代目の執権《しっけん》ですぐれた政治家《せいじか》でした。

承久《じょうきゅう》の乱《らん》　幕府《ばくふ》では将軍《しょうぐん》の実朝《さねとも》が殺され源氏がたえると、動揺《どうよう》していましたので、後鳥羽上皇《ごとばじょうこう》が幕《ばく》

えす目的《もくてき》でやった承久《じょうきゅう》三年（一二二一年）の戦《たたか》い（承久《じょうきゅう》の乱《らん》）も、かえって幕府《ばくふ》に敗《やぶ》れました。

その後、北条氏《ほうじょうし》は**貞永式目**《じょうえいしきもく》のようなすぐれた法律《ほうりつ》をつくりました。これは武士《ぶし》たちの守《まも》るきまりのうち、ほんとうに必要《ひつよう》なものだけをわかりやすくかいたもので、のちの武《ぶ》家政治《けせいじ》の法律《ほうりつ》の手本《てほん》にされました。

府《ふ》をうつ命令《めいれい》を出されましたが、朝廷《ちょうてい》の方はやぶれ、上皇《じょうこう》は島流《しまなが》しにされました。

学習することがら

1. 鎌倉幕府は地方にどんな役人をおきましたか。
2. 鎌倉幕府は頼朝の死んだのちどうなりましたか。

一〇　武士《ぶし》のくらしと新しい文化《ぶんか》

武士《ぶし》の生活《せいかつ》　武士《ぶし》は農村《のうそん》に住《す》んで、ふだんは土地《とち》をたがやしていましたので、その生活《せいかつ》はしっそでした。住《す》む家も**武家《ぶけ》造《つく》り**といって板や草で屋根《やね》をふき、まわりに土手《どて》やほりをめぐらした、かんたんなものでした。

武　士　の　か　り

武士《ぶし》は主人《しゅじん》のために戦《たたか》うことが大切《たいせつ》でしたから、日ごろから**やぶさめ**・**犬追《いぬお》物《もの》**・**まきがり**などをやって武芸《ぶげい》の練習《れんしゅう》に力をそそいで

【注釈】

やぶさめと犬追物

いました。

力強《ちからづよ》い文化《ぶんか》　武士《ぶし》は学問《がくもん》はあまりありませんでしたが、京都との間をいききするうちに、貴族《きぞく》の文化《ぶんか》がはいってきて、武士《ぶし》の文化《ぶんか》ができてきました。彫刻《ちょうこく》でも、有名《ゆうめい》な**運慶《うんけい》**がつくった東大寺《とうだいじ》の金剛力士像《こんごうりきしぞう》のように、男らしく力強《ちからづよ》いものがつくられました。

文学《ぶんがく》でも、**軍記物《ぐんきもの》**といって戦《たたか》いのようすを書いた作品《さくひん》が多く、なかでも、**平家物語《へいけものがたり》**は、はなやかに栄《さか》えては、たちまちに滅《ほろ》んでいった平氏《へいし》の運命《うんめい》や、武士《ぶし》の活躍《かつやく》するありさまを、美しいが、きびきびした書き方《かた》であらわしています。びわ法師《ほうし》の歌《うた》うこの物語《ものがたり》に、当時《とうじ》の民衆《みんしゅう》が耳《みみ》をかたむけたわけがここにあるのでしょう。

鎌倉武士

平家物語《へいけものがたり》　「祇園精舎《ぎおんしょうじゃ》の鐘《かね》の声、諸行無常《しょぎょうむじょう》の響《ひび》きあり」の有名《ゆうめい》なことばにはじまりますが、平家の清盛がはなやかにさかえ、やがて各地に源氏がおこって平氏をうち、あちこちの戦いで平氏がやぶれてほろんでいくさまをえがいたものです。戦いの物語ですが、仏教の考えがよ

新しい仏教《ぶっきょう》　はげしい戦《たたか》いがつづいたので、人々は世の中のはかなさから、何か大きな力にすがろうと思いました。

法然が人々に教えをといているところ

そこで、こうした人々の願《ねが》いにふさわしい新しい仏教《ぶっきょう》が多く名僧《めいそう》によってあみだされました。**法然《ほうねん》**がとなえた浄土《じょうど》宗《しゅう》、その弟子**親鸞《しんらん》**のひろめた浄土真宗《じょうどしんしゅう》、**日蓮《にちれん》**がはじめた日《にち》蓮宗《れんしゅう》などがそれで、**栄西《えいさい》**や**道《どう》元《げん》**によって禅宗《ぜんしゅう》も中国《ちゅうごく》から伝《つた》えられました。

くあらわされていて、もののあわれをじみじみと感じさせます。

軍記物《ぐんきもの》　「平家物語」のほかに「保元物語《ほうげんものがたり》」「平治物《へいじもの》語」「源平盛衰記《げんぺいせいすいき》」などがあります。

浄土宗《じょうどしゅう》　極楽《ごくらく》にゆくにはむずかしい修行《しゅぎょう》をしなくても念仏《ねんぶつ》さえとなえればよいといって、だれでも救《すく》われる道をときました。

浄土真宗《じょうどしんしゅう》　念仏《ねんぶつ》をとなえなくても仏《ほとけ》を信じてきよらかな、感《かん》しゃの生活をすれば救《すく》われると説《と》きま

さかんになった商業《しょうぎょう》　農作物《のうさくぶつ》やそれを加工《かこう》したものを売《う》り買《か》いするようになって商業《しょうぎょう》がさかんになり、**市《いち》**がきまった日に開《ひら》かれるようになりました。四日市《よっかいち》、五日市《いつかいち》などの名がのこっているのはこのためです。**宋銭《そうせん》**という、中国《ちゅうごく》から買《か》い入れたお金《かね》が利用《りよう》されるようになり、また遠い土地《とち》に金を送る**為替《かわせ》**も使《つか》われました。

した。

日蓮宗《にちれんしゅう》　法華宗《ほっけしゅう》ともいって、仏教の本のなかで法《ほっ》華経《けきょう》を一ばんたっとぶことを教えたものです。

禅宗《ぜんしゅう》　禅《ぜん》とは静かに思いめぐらすという意味《いみ》です。禅宗では仏《ほとけ》の力によって救《すく》われるのではなく、自《じ》分《ぶん》で修業して悟《さと》りをひらくことをたっとびます。

二　鎌倉幕府《かまくらばくふ》のおとろえと室町幕府《むろまちばくふ》

元《げん》との戦《たたか》い　鎌倉幕府《かまくらばくふ》が開《ひら》かれて九十年あまりのち、わが国に**元《げん》**の大軍《たいぐん》がおしよせました。これを元寇《げんこう》といいます。

元　寇（元との戦い）

元《げん》は蒙古人《もうこじん》の国で、十二世紀《せいき》の終《おわ》りころ、中国《ちゅうごく》の北にいた蒙古人《もうこじん》は**ジンギスカン**を頭《かしら》にしてから、いきおいが強くなりました。アジアの大部《だいぶ》分《ぶん》を平《たい》らげた上に、東ヨーロッパにまでその力をのばしました。ジンギスカンの孫《まご》の**フビライ**が王になったとき、宋《そう》を滅《ほろ》ぼして中国の主権《しゅけん》をとり、国の

【注釈】

元《げん》　蒙古《もうこ》の高原で遊牧《ゆうぼく》（馬などをはなしがいして草のある土地をもとめてうつっていく）生活をしていた民族です。その小さな部落《ぶらく》のテムジンが民族を統一《とういつ》してジンギスカンととなえ、たちまち中国をうち、中央アジアからインドの西北にまたがる大きな国をつくり、ヨーロッパにまで攻めいりました。いちばん領地《りょうち》の大きかったときは、ロシアの南、トルコ、アラビア、ペルシアまでしたがえていました。

名を**元**《げん》とあらためました。元《げん》はそのころ世界一《せかいいち》の強国《きょうこく》でした。

この元《げん》に従《したが》わない国は、アジアでは日本だけでした。元《げん》はたびたび使《つか》いをよこして従《したが》うようにすすめましたが、この時の**執権北条時宗**《しっけんほうじょうときむね》はその使《つか》いをおい返《かえ》して戦《たたか》いにそなえました。

ついに元《げん》は一二七四年（文永十一年）北九州《きたきゅうしゅう》に攻《せ》めよせてきました。ゆうせいな軍隊《ぐんたい》とすぐれた武器《ぶき》をもった元軍《げんぐん》も、わが軍《ぐん》の勇《ゆう》かんな戦《たたか》いぶりになやまされました。その上大あらしがやってきて、元《げん》の船《ふね》はほとんど沈《しず》んでしまいました。

それから七年後の弘安《こうあん》四年に、ふたたび元《げん》の大軍《たいぐん》が攻《せ》め

元寇《げんこう》　元の軍隊《ぐんたい》が日本に攻《せ》めてきたことを元寇《げんこう》といいます。

武士《ぶし》**のたてた学校**《がっこう》　鎌倉時代に、だんだん武士も学問《がくもん》をするようになり、神奈川県の金沢《かなざわ》に金沢文庫《かなざわぶんこ》がたてられました。これは北条実時《さねとき》が一族やいっぱんの人に学問をさせるためにたてたものです。

足利尊氏《あしかがたかうじ》（一三〇五―一三五八）　源氏の一族で、はじめ、北条氏のもとにあって楠木正成《くすのきまさしげ》を討《う》った

てきました。この時も暴風《ぼうふう》と、鎌倉武士《かまくらぶし》の力によって元《げん》の軍《ぐん》をしりぞけることができました。

建武《けんむ》の新政《しんせい》　元《げん》との戦《たたか》いで幕府《ばくふ》の財政《ざいせい》は苦《くる》しくなりました。そのため、手《て》がらのあった武士《ぶし》に恩賞《おんしょう》もあたえられず、農民《のうみん》からは税《ぜい》をきびしくとりたてました。また、生活《せいかつ》の苦《くる》しくなった武士《ぶし》を救《すく》うために武士《ぶし》が売《う》った土地《とち》をただでかえさせる**徳政令《とくせいれい》**という命令《めいれい》をだしたので、幕府《ばくふ》にたいするうらみはますます大きくなりました。一方こうした時に執権《しっけん》の**北条高時《ほうじょうたかとき》**は、政治《せいじ》をよそに遊《あそ》びにふけっていました。

朝廷《ちょうてい》では、前から政治《せいじ》の実権《じっけん》を幕府《ばくふ》からとり返《かえ》そうと考えていましたが、この時をねらって**後醍醐天皇《ごだいごてんのう》**は、幕府《ばくふ》を

めに関東《かんとう》から京都に上ってきましたが、北条氏にそむいて後醍醐天皇《ごだいごてんのう》についたので、建武《けんむ》の新政《しんせい》では第一のてがらのある人といわれました。しかし、時代の動きを見て、すぐ天皇にそむき、武家政治をはじめようとして幕府をひらきました。

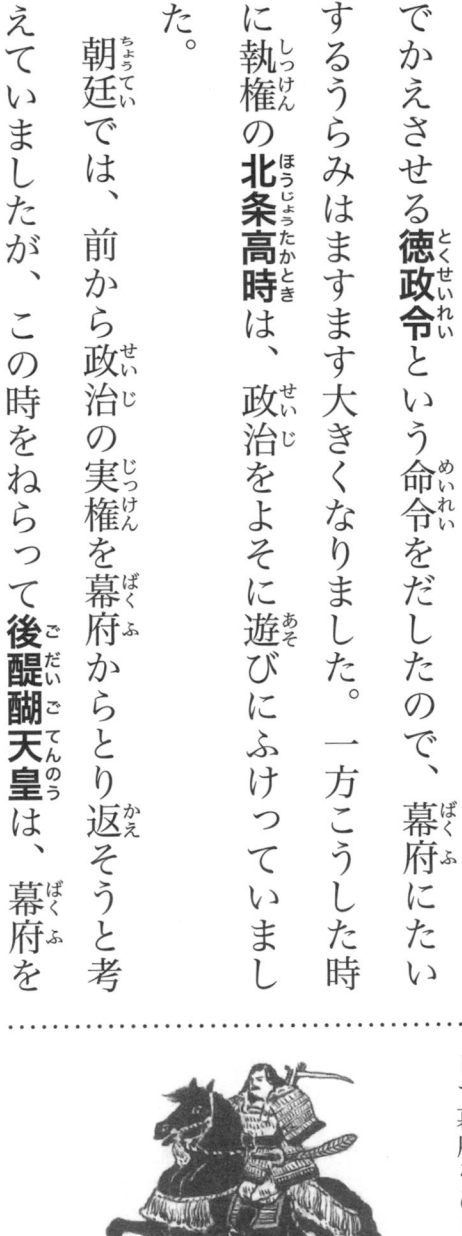

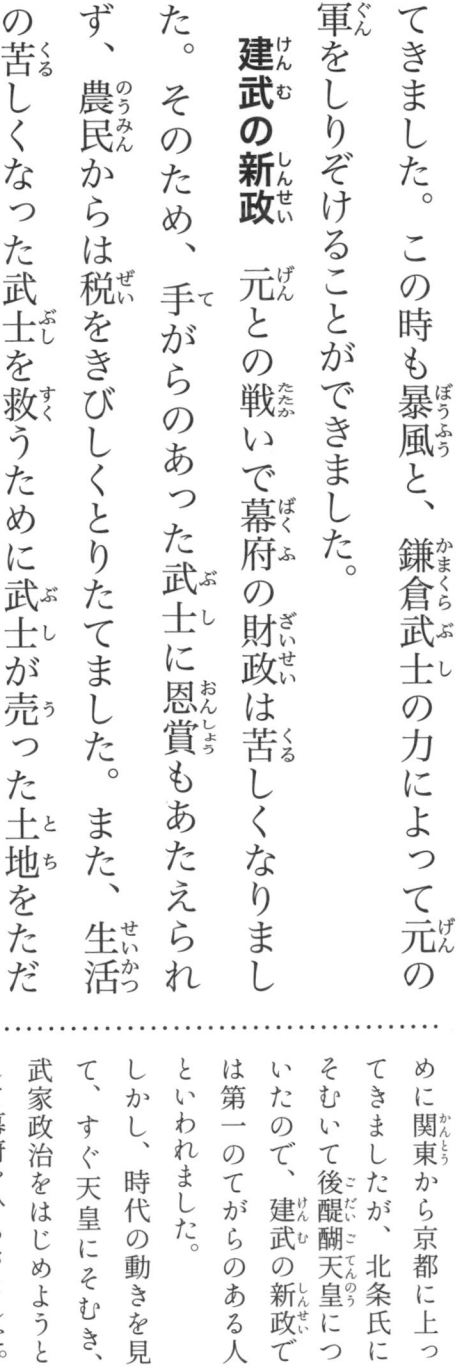

たおすように**足利尊氏**《あしかがたかうじ》や**楠木正成**《くすのきまさしげ》に命令《めいれい》して、一三三三年(元弘《げんこう》三年)幕府《ばくふ》を滅《ほろ》ぼしてしまいました。このことを**建**《けん》**武**《む》**の新政**《しんせい》といっています。

しかし、この政治《せいじ》も長くつづきませんでした。幕府《ばくふ》を滅《ほろ》ぼした手《て》がらのあった武士《ぶし》への恩賞《おんしょう》が不公平《ふこうへい》だったのと、武士《ぶし》がやはり今までのように武士《ぶし》の手で政治《せいじ》をしたいと望《のぞ》んでいたからです。

室町幕府《むろまちばくふ》　この空気《くうき》を見た足利尊氏《あしかがたかうじ》はついに天皇《てんのう》にそむきました。天皇《てんのう》は吉野山《よしのやま》にのがれ、楠木正成《くすのきまさしげ》や新田義貞《にったよしさだ》が尊氏《たかうじ》と戦《たたか》いましたが、みな敗《やぶ》れてしまいました。尊氏《たかうじ》は京都に新しい天皇《てんのう》をたてたので、これから約《やく》六十年間は二人の天皇《てんのう》ができ、吉野《よしの》の方を**南朝**《なんちょう》、京都の方を**北朝**《ほくちょう》といいま

楠木正成《くすのきまさしげ》(一二九四―一三三六)河内《かわち》の豪族《ごうぞく》。はじめから終りまで後醍醐《ごだいご》天皇《てんのう》のために戦い、湊川《みなとがわ》で足利《あしかが》の大軍とたたかって死にました。兵法智略《へいほうちりゃく》にすぐれて、わずかな兵で大軍をなやませました。

新田義貞《にったよしさだ》(一三〇一―一三三八)源氏の一族で上野《こうずけ》(群馬県)の豪族《ごうぞく》です。鎌倉に攻めいって北条氏をたおしました。正成とおなじく、南朝のために足利氏と戦って死にました。

す。

この後、尊氏《たかうじ》は征夷大将軍《せいいたいしょうぐん》になり、京都に幕府《ばくふ》を開《ひら》きました。尊氏《たかうじ》の孫義満《まごよしみつ》の時代には幕府《ばくふ》のしくみもととのい、力も強くなりました。南朝《なんちょう》の後亀山天皇《ごかめやまてんのう》は義満《よしみつ》の申《もう》し出《で》をいれて、南北《なんぼく》に対立《たいりつ》していた朝廷《ちょうてい》は一つになりました。義満《よしみつ》は京都の室町《むろまち》にやしきをつくり、そこで政治《せいじ》をしましたので、足利氏《あしかがし》の幕府《ばくふ》を**室町幕府《むろまちばくふ》**といいます。

学習することがら

1. 蒙古のとのたたかいで武士や農民の生活はどうなりましたか。
2. 鎌倉幕府はなぜおとろえましたか。
3. 建武の新政で活やくした人々の名をあげなさい。
4. なぜ建武の新政は失敗しましたか。

一二　戦国《せんごく》の世《よ》

応　仁　の　乱

応仁《おうにん》の乱《らん》　足利尊氏《あしかがたかうじ》に協力《きょうりょく》した武士《ぶし》たちは、室町幕府《むろまちばくふ》が開《ひら》かれてからも、地方の守護《しゅご》として大きな力を持《も》っていました。その上、足利義満《あしかがよしみつ》や義政《よしまさ》は、金閣《きんかく》や銀閣《ぎんかく》を建《た》てて、自分の趣味《しゅみ》にひたるような生活《せいかつ》をしましたので、幕府《ばくふ》の財政《ざいせい》は苦《くる》しくなるばかりでした。財政《ざいせい》が苦《くる》しくなると、徳政令《とくせいれい》を出して借《か》りた金《かね》をかえさないようなことをしましたので、幕府《ばくふ》の信用《しんよう》はなくなり、世の中はしだいに乱《みだ》れてきました。

【注釈】

金閣

金閣《きんかく》と銀閣《ぎんかく》　義満《よしみつ》が京都の北山《きたやま》に建《た》てた別荘《べっそう》が金閣《きんかく》で、三層《そう》の高い建物《たてもの》に金ぱくをはり義満《よしみつ》のぜいたくな趣味《しゅみ》をあらわしたはなやかなものでした。昭和二五年に焼《や》け、今の

そのころ、幕府《ばくふ》の中でいちばん勢力《せいりょく》のあった細川勝元《ほそかわかつもと》と山名宗全《やまなそうぜん》が争《あらそ》うようになり応仁《おうにん》の乱《らん》がおこりました。この戦いは十一年もつづき、京都は焼野原《やけのはら》となり、民衆《みんしゅう》は大へんな苦《くる》しみをうけ、貴族《きぞく》や僧《そう》は地方へ落《お》ちて行きました。

このころになると、武士《ぶし》のあいだに養《やしな》われてきた主人《しゅじん》と家来《けらい》の間《あいだ》がらはなくなり、実力《じつりょく》の世の中になりました。将《しょう》軍《ぐん》や守護《しゅご》の力は弱《よわ》まり、力をもった家来《けらい》たちが国をしはいしました。これが**大名**《だいみょう》のはじまりです。大名《だいみょう》たちは相手《あいて》に勝《か》つために自分の国を強くしなければならないので、政治《せいじ》に熱心《ねっしん》でした。また城《しろ》のまわりに家来《けらい》たちを集《あつ》めたので、人々が集《あつ》まり、町ができるようになりました。これが**城下**《じょうか》**町**《まち》です。

は新しく建《た》てたものです。銀閣《ぎんかく》は義満《よしみつ》の孫義政《まごよしまさ》が東《ひがし》山《やま》に建《た》てたものです。あっさりとして静かで深いおもむきのある美しい建物《たてもの》と庭が残っています。この東求堂《とうぐどう》は茶室《ちゃしつ》のもとといわれています。

大名《だいみょう》　はじめ、荘園《しょうえん》の名《みょう》田《でん》をたくさんもっている人を大名といいました。室町時代には、守護《しゅご》たちは年貢《ねんぐ》を取っておいて幕府に納《おさ》めるのをのばしたり、横《よこ》どりしたりして勢《いきお》いがつよくなりました。こういう日知日地を守護《しゅご》大名《だいみょう》といいます。

農民《のうみん》の力《ちから》

このころには、ながい間貴族《きぞく》や武士《ぶし》の下づみになっていた民衆《みんしゅう》の間にも、はっきりした動《うご》きがあらわれはじめました。

重い税《ぜい》や年貢《ねんぐ》で苦《くる》しめられてきた農民《のうみん》たちは、力をあわせて自分たちを守《まも》りはじめました。多くの村《むら》が団結《だんけつ》して地《じ》主《ぬし》や大名《だいみょう》に年貢《ねんぐ》をまけさせようとして、聞《き》き入れられないときは、くわやかまなどを持《も》ち出し、各地《かくち》でさわぎまし

土　一　揆

戦国《せんごく》時代には武力をもって、ある地方の土地をおさめていた強力な武士もいました。これを戦国大《せんごくだい》名《みょう》といいます。

土一揆《どいっき》　大ききんのあった一四二八年、滋賀県《しがけん》の運送《うんそう》を仕事にしていた人々が、京都に攻《せ》めいり、これに農民や町人が加《くわ》わって、金貸《かねか》しや寺をおそいました。これが各地につたわって幕府や、金持ちをふるいあがらせました。

これらの人々は幕府に徳《とく》政令《せいれい》をだすように求《もと》めたので徳政一揆《とくせいいっき》といいます。

た。これを**土一揆**《どいっき》といいます。一四八五年の山城国《やましろのくに》の土一揆《どいっき》の時は、武士《ぶし》をみんな追《お》い出して農民《のうみん》たちの代表《だいひょう》によって、八年間も政治《せいじ》がおこなわれました。

また農民《のうみん》たちは自分たちできまりをつくって平和《へいわ》な生活《せいかつ》を守《まも》ろうとした村もたくさんありました。しかし、動《うご》きは日本中にひろがるほど大きくはなりませんでした。

これには大名の家来《けらい》も加《くわ》わるようになり、はじめ民衆《みんしゅう》だけに徳政《とくせい》令が出されていたのが、武士にもだされるようになりました。

一三　東山文化《ひがしやまぶんか》

雪舟のかいた水墨画

東山文化《ひがしやまぶんか》　室町時代《むろまちじだい》にも、このころにふさわしい、新しい文化《ぶんか》がうまれました。

能楽《のうがく》もその一つで、はじめこっけいなものまねや手品《てじな》をした猿楽《さるがく》が、神社《じんじゃ》や寺《てら》のお祭《まつ》りの舞《まい》になり、田植えの時にまう田楽《でんがく》がいっしょになって**謡曲《ようきょく》**にあわせて舞《まい》をまうようになったものです。能楽《のうがく》を大成《たいせい》したのは将軍足利義満《しょうぐんあしかがよしみつ》のうしろだてをうけた**世阿弥《ぜあみ》**です。能《のう》

【注釈】

書院造りのへや

書院造《しょいんづく》り　室町《むろまち》時代に武士のすまいにあう家のつくり方ができました。一むねの建ものをいくつかの部屋《へや》にわけ、ふすまや

によくにたものに**狂言**《きょうげん》があります。これは大名《だいみょう》や僧《そう》のまぬけたようすをわらったり、からかったりしたものです。俳《はい》句《く》のおこりといわれる**連歌**《れんが》もこのころできました。連歌《れんが》をりっぱな形にしたのは**宗祇**《そうぎ》という人です。

この時代には風景《ふうけい》や人物《じんぶつ》を墨《すみ》だけであらわす**水墨画**《すいぼくが》が発《はっ》達《たつ》しました。その完成者《かんせいしゃ》は**雪舟**《せっしゅう》で、雪舟《せっしゅう》は中国へ勉強《べんきょう》に行き、力強《つよ》い線でりっぱな作品《さくひん》をのこしました。

そのころ鎌倉《かまくら》の五つの寺と京都の僧《そう》たちがさかんに中国《ちゅうごく》の文学《ぶんがく》を学び禅宗《ぜんしゅう》をひろめました。水墨画《すいぼくが》もそのえいきょうですし、建築《けんちく》もそのえいきょうで**書院造り**《しょいんづくり》という建物《たてもの》が現《あら》われました。この建《た》て方は今の日本の家にも多くとり入れられています。**茶室建築**《ちゃしつけんちく》もはじまり、日本的《にほんてき》なおもむき

しょうじでしきります。表《おもて》の座敷《ざしき》には床《とこ》の間《ま》とちがいだながあって、部屋《へや》にはたたみをしきます。これは、のちの日本の家のつくりかたのもとになったものです。

民衆《みんしゅう》**の文学**《ぶんがく》　この時代には、民衆の力が強くなりはじめたので文化も民衆の文化が生まれました。連歌《れんが》もその一つで、和歌《わか》があまりきそくをやかましくいうので自由な表現《ひょうげん》のゆるされる連歌《れんが》が民衆のあいだにひろまりました。

「一寸法師《いっすんぼうし》」「ものぐさ太《た》

の深《ふか》い庭園《ていえん》もこのころ発達《はったつ》しました。

わび茶《ちゃ》といってしぶい**茶《ちゃ》の湯《ゆ》**を静《しず》かに味《あじ》わったのもこの時代《じだい》で、このころ発達《はったつ》した**生花《いけばな》**とともに日本的《にほんてき》な芸術《げいじゅつ》の一つになりました。

銀　閣

これらの文化《ぶんか》は将軍義政《しょうぐんよしまさ》の時代《じだい》に東山《ひがしやま》に建《た》てた**銀閣《ぎんかく》**を中《ちゅう》心《しん》にさかえたので、**東山文化《ひがしやまぶんか》**といいます。その特色《とくしょく》は禅宗《ぜんしゅう》のえいきょうと、それに貴族《きぞく》と武士《ぶし》のもっていたそれぞれの文化《ぶんか》がとけあってできたものです。

……………………………………

郎《ろう》」「酒《しゅ》てん童子《どうじ》」など「お伽草子《とぎそうし》」がでたのもこの時代です。

茶《ちゃ》の歴史《れきし》　茶はやはり中国から奈良《なら》時代にわが国に入りました。しかし、わが国で茶をつくり、ひろく飲まれるようになったのは鎌倉《かまくら》時代からです。室町時代の茶の湯は緑茶《りょくちゃ》を粉にしたまっ茶をたててのみ、それに作法《さほう》をつくって芸《げい》にまでたかめたものです。

寺子屋《てらこや》　室町《むろまち》時代には足《あし》利学校《かががっこう》があります。もとは鎌倉《かまくら》時代にたてられた

産業《さんぎょう》のありさま

田楽を舞いながらおこなう田植え

産業《さんぎょう》も大へん発達《はったつ》しました。農業《のうぎょう》では二毛作《にもうさく》がおこなわれ、漁業《ぎょぎょう》では魚《さかな》をとる方法《ほうほう》が発達《はったつ》し、瀬《せ》戸《と》内海《ないかい》で塩《しお》がつくられるようになりました。金《きん》や銅《どう》の産出《さんしゅつ》もふえ、銀《ぎん》も出るようになり、また紙《かみ》や陶器《とうき》の製造《せいぞう》技《ぎ》術《じゅつ》も一だんと進《すす》みました。

産業《さんぎょう》の発達《はったつ》につれ、職人《しょくにん》や商《しょう》人《にん》が多くなり、おなじ仲間《なかま》で**座**《ざ》をつくって自分たちの利益《りえき》を守《まも》るようになりました。**問屋**《とんや》ができたのもこのころです。それ

ものですがおとろえていたのを上杉憲実《うえすぎのりざね》が、たてなおしました。学校もなく、戦《いくさ》ばかりあった時代ですが、大《おお》ぜいの人が地方から勉強にきたといいます。

しかし、ふつう、そのころはお寺の僧が学問《がくもん》にあったので、寺にあつまって僧から学問《がくもん》を学びました。寺子屋《てらこや》の教育はこうしてはじまりました。

座《ざ》　このころの商人や職《しょく》人《にん》が貴族《きぞく》や寺社《じしゃ》のうしろだてで、同じ仕事をするものの組合をつくり仕入《しい》れや販売《はんばい》をひとりじめに

は荘園《しょうえん》の金庫《きんこ》であった問丸《といまる》がふつうの運送《うんそう》や取引《とりひ》きもするようになり、さらに小売店《こうりてん》に品物《しなもの》をおろすようになったものです。また金貸業《かねかしぎょう》もあらわれました。これを**土倉**《どそう》とか、**酒屋**《さかや》とかいいます。また、明銭《みんせん》とよばれる中国《ちゅうごく》のお金《かね》が入り、使《つか》われるようになりました。

こうして商業《しょうぎょう》はさかんになり、便利《べんり》なところに人々が集《あつ》まって町をつくるようになり、お寺《てら》や神社《じんじゃ》のまわりには**門前町**《もんぜんまち》ができ、貿易《ぼうえき》のさかんな港《みなと》にも大きな町ができました。

したものです。近畿《きんき》地方にとくに発達《はったつ》しました。

新しい町

門前町《もんぜんまち》…宇治山田《うじやまだ》、長野《ながの》
港町《みなとまち》…堺《さかい》、兵庫《ひょうご》、博多《はかた》
城下町《じょうかまち》…小田原《おだわら》（北条氏）
山口（大内氏）

なかでも堺は武士の支配《しはい》をうけず、市民の代表《だいひょう》が政治をしました。

一四　世界《せかい》との交《まじ》わり

中国《ちゅうごく》との貿易《ぼうえき》　元《げん》との戦《たたか》いで一時たえていた中国《ちゅうごく》との貿《ぼう》易《えき》も、またはじめられました。

室町時代《むろまちじだい》の将軍《しょうぐん》や大名《だいみょう》たちは、中国《ちゅうごく》の明《みん》から銅銭《どうせん》、生糸《きいと》、絹織物《きぬおりもの》などを輸入《ゆにゅう》し、日本から刀《かたな》、硫黄《いおう》、扇子《せんす》などを輸出《ゆしゅつ》しました。

鎌倉時代《かまくらじだい》の終《おわ》りごろから、西日本の豪族《ごうぞく》の中には、勝手《かって》に朝鮮《ちょうせん》や中国《ちゅうごく》に出かけて貿易《ぼうえき》を行《おこな》い、貿易《ぼうえき》がうまくできないと、武力《ぶりょく》でおどして人や物

わこう

【注釈】

明《みん》　一三六八年、朱元璋《しゅげんしょう》が、これまで中国をおさえていた元《げん》をたおして、たてた国です。

勘合船《かんごうせん》　幕府がゆるした貿易船《ぼうえきせん》であるというしるしに勘合符《かんごうふ》という割符《わりふ》を船にもたせて明と貿易しました。

幕府だけでなく大名や大きな寺社もこの貿易船を出して大きな利益をえました。

東方見聞録《とうほうけんぶんろく》　マルコ・ポーロが元からイタリアにか

をうばう海賊《かいぞく》になるものがでてきました。これを朝鮮《ちょうせん》や中《ちゅう》国《ごく》の人々は、**倭寇**《わこう》といっておそれました。このころ、中国《ちゅうごく》も朝鮮《ちょうせん》も、この**倭寇**《わこう》にはこまって、取《と》りしまってくれるようにたびたび明《みん》から使《つか》いがきました。

そこで**足利義満**《あしかがよしみつ》は、明《みん》と約束《やくそく》して品物《しなもの》を売《う》り買《か》いする貿《ぼう》易船《えきせん》を送りました。これを**勘合船**《かんごうせん》といいます。

このころ、琉球《りゅうきゅう》や東南アジアの諸国《しょこく》との間にも貿易《ぼうえき》が行われ、また、ヨーロッパ人もくるようになりました。

世界《せかい》**のありさま**　十四から六世紀《せいき》には日本の各地《かくち》で戦《たたか》いの多かった時代ですが、このころヨーロッパでは国々《くにぐに》が国をゆたかにしようとして海外《かいがい》にのりだしていました。ことにアジアとの貿易《ぼうえき》は利益《りえき》が大きかったので力を入れまし

えって戦いでとらえられ、牢《ろう》に入れられているときにアジアの旅行記《りょこうき》をかいたものです。

てっぽう（種子島）

種子島《たねがしま》　ポルトガル船が種子島にきて、このとき鉄砲《てっぽう》がはじめて日本に

た。十三世紀《せいき》ころ元《げん》にいたイタリアの商人《しょうにん》マルコ・ポーロが国に帰りアジア旅行《りょこう》の本を書き、**ジパング**には財宝《ざいほう》が多く、金《きん》の家さえあると書いたので人々はアジア貿易《ぼうえき》にむちゅうになりました。ジパングとは日本のことです。

コロンブスが地球《ちきゅう》はまるいという考えから、大西洋《たいせいよう》を西に進《すす》みアメリカ大陸を発見《はっけん》したのも、このジパングにあこがれてです。そしてとうとうポルトガル人の**ヴァスコ・ダ・ガマ**はアフリカの南のはしをまわって、インドへ来る航路《こうろ》を開《ひら》きました。

鉄砲《てっぽう》とキリスト教《きょう》　一五四三年（天文《てんもん》十二年）の八月、中国《ちゅうごく》へ行くはずだったポルトガル船があらしにながされて九州《きゅうしゅう》の南の**種子島《たねがしま》**につき、このときポルトガル人の持って入ってきましたので、鉄砲のことを種子島とよんでいました。

この鉄砲《てっぽう》が戦いにつかわれるようになって、一騎《いっき》打《う》ちにかわって鉄砲をもった足軽《あしがる》がかつやくするようになりました。

フランシスコ・ザビエル

スペインの貴族《きぞく》ですが、このころキリスト教では新教《しんきょう》ができて、ローマ教会の勢《いきお》いがよわくなりました。ザビエルたちはヤソ会というのをつくってローマ教会をもり上げようとしました。そしてインドへキリスト教をひろ

南蛮人との交易

いた鉄砲《てっぽう》が、日本に伝《つた》わりました。日本人がヨーロッパの文化《ぶんか》にせっしたのはこれがはじめてです。

鉄砲《てっぽう》は近代的《きんだいてき》な武器《ぶき》として大きな力を持《も》っていたので、大名《だいみょう》たちが戦争《せんそう》につかうようになりました。このために城《しろ》のつくり方《かた》も大きくかわってきました。

これからポルトガル人は年々日本をおとずれ、めずらしい品物《しなもの》を伝《つた》えましたが、キリスト教がはいってきたのもこのころです。一五四九年、イスパニア人の**フランシスコ・**

めるためにきましたが、マレーで日本の青年にあって、そのあんないで鹿児島《かごしま》にきました。山口から京都にのぼり教えをひろめました。時の人はこの教えを天主教《てんしゅきょう》、または切支丹宗《きりしたんしゅう》といい、教会のことを南蛮寺《なんばんじ》とよんでいました。

ザビエルが鹿児島《かごしま》にきてキリストの教えをときました。ザビエルは山口や京都にも行ってキリスト教をひろめました。つづいて多くの宣教師《せんきょうし》がやってきてひろめました。なかでも九州はさかんで大名《だいみょう》から農民《のうみん》まで多くの信者《しんじゃ》ができました。

ザビエル鹿児島でキリストの教えをとく

このようにキリスト教がひろまったのは、宣教師《せんきょうし》たちが時計《とけい》やガラスでできた品物《しなもの》など、めずらしい品《しな》物《もの》をもってきた

南蛮料理《なんばんりょうり》　カボチャ、トウキビ、トウモロコシ、トウガラシ、ジャガイモ、スイカ、ミカン、カンショ（さとうきび）などをつかった洋風《ようふう》の料理《りょうり》もさかんになりました。また、菓子《かし》では、ポルトガルの菓子で、カステーラ、コンペート、などが入ってきました。

キリスト教の文化　外国からきた宣教師は教会を建《た》てて教えをひろめただけでなく、学校も建《た》てて、ヨーロッパの天文学、数学、物理、外国語、西洋画、なども教えました。そしり、病院《びょういん》や孤児院《こじいん》をたてたり、まずしい人をすくったりして世の中のためにつくしたからでした。

そのほかヨーロッパから伝《つた》わったものに、新しい医術《いじゅつ》や薬《くすり》、天文《てんもん》の知識《ちしき》や印刷術《いんさつじゅつ》などがあります。

これまで中国《ちゅうごく》を中心《ちゅうしん》としたアジアの文化《ぶんか》しか知《し》らなかった日本人にとって、このヨーロッパの文化《ぶんか》は大へんなおどろきでした。スペイン人やポルトガル人が伝《つた》えた、タバコ、パン、シャボン、カステラなどの言葉《ことば》が、日本語《にほんご》のようになってつかわれはじめたことを考えても、それはわかります。また、外国人《がいこくじん》のことを南方《なんぽう》から渡《わた》ってきたというので**南蛮人**《なんばんじん》、その船を**南蛮船**《なんばんせん》といいました。

て、天草《あまくさ》では印刷術まで教えていました。

学習することがら

1. ヨーロッパ人はなぜアジアと貿易をのぞみましたか。
2. ヨーロッパ人は何を日本に伝えましたか。

一五　天下《てんか》の統一《とういつ》と信長《のぶなが》・秀吉《ひでよし》

織田信長

豊臣秀吉

信長《のぶなが》と秀吉《ひでよし》　応仁《おうにん》の乱《らん》から百年もの間、戦国《せんごく》の世《よ》がつづきました。各地《かくち》で争《あらそ》っていた大名《だいみょう》のうち、強いものたちは、足利《あしかが》氏《し》にかわって、国内《こくない》を従《したが》えようと考えました。その大名《だいみょう》の一人が**織田信長《おだのぶなが》**で、十六世紀《せいき》の中ごろ、ついに京都に進出《しんしゅつ》しました。

信長《のぶなが》は**楽市《らくいち》・楽座《らくざ》**をつくって、商人《しょうにん》に自由《じゆう》に商売《しょうばい》をさせ、

【注釈】

安土城《あづちじょう》　信長《のぶなが》は京都に出たのち、びわ湖《こ》のほとり、近江《おうみ》の安土《あづち》に城をきずいて、ねじろにしました。この城は、これまで山の上にきずいていた城が平地につくられるようになってはじめてのものです。

楽市《らくいち》・楽座《らくざ》　これまで座に入ったり、市に店をだすには、きびしいきまりがあって、誰《だれ》でもゆるされませんでした。そのために大きな商人は利益《りえき》をひとりじめにしてきまし

交通《こうつう》を便利《べんり》にして国を富《と》まし、はやくから鉄砲《てっぽう》を使《つか》って、その力を強くしたので成功《せいこう》したのです。しかし、まだ国内《こくない》をすっかりまとめないうちに、その家来《けらい》に殺《ころ》されました。そのあとをついで国内《こくない》を統一《とういつ》したのが、家来《けらい》の**豊臣秀吉《とよとみひでよし》**です。

秀吉《ひでよし》は尾張《おわり》の農民《のうみん》の子《こ》といわれますが、関白《かんぱく》、太政大臣《だじょうだいじん》にまでなりました。

検地《けんち》と刀狩《かたながり》　秀吉《ひでよし》は国内を統一《とういつ》すると、全国《ぜんこく》の土地《とち》をはかりなおして土地台帳《とちだいちょう》をつくりました。これを**検地《けんち》**といいます。この結果《けっか》、土地《とち》のよしあしや米のとれ高《だか》がはっきりしました。また、その台帳《だいちょう》をもとに土地《とち》に対《たい》する税《ぜい》もきめました。大名《だいみょう》の土地《とち》の広さを、米のとれ高《だか》であらわすよ

たが、かえって商業の発《はっ》達《たつ》をさまたげていたので、きびしいきまりをゆるめて、誰《だれ》でもが自由に商売《しょうばい》ができるようにしました。

豊臣秀吉《とよとみひでよし》（一五三六―一五九八）尾張《おわり》国の百姓《ひゃくしょう》の家に生まれ、信長《のぶなが》の家来《けらい》になりました。信長《のぶなが》が死ぬと、そのあとをついで、戦乱《せんらん》の世《よ》を統一《とういつ》しました。秀吉は関白《かんぱく》となり政治《せいじ》を行《おこな》いましたが、特《とく》に検地《けんち》、刀狩《かたながり》は封建制度《ほうけんせいど》をきずくうえに大切《たいせつ》な仕事でした。また堺《さかい》や博多《はかた》の大商人《だいしょうにん》を中心に海外貿易《かいがいぼうえき》をおこないました。こうした時代

うになったので、大名《だいみょう》の力もよくわかり、農民《のうみん》も税《ぜい》をきっちりおさめなければならなくなったので、生活《せいかつ》のゆとりがなくなりました。

一方《いっぽう》、農民《のうみん》がまた一揆《いっき》をおこさないように、農民《のうみん》のもっている刀《かたな》や槍《やり》をとりあ

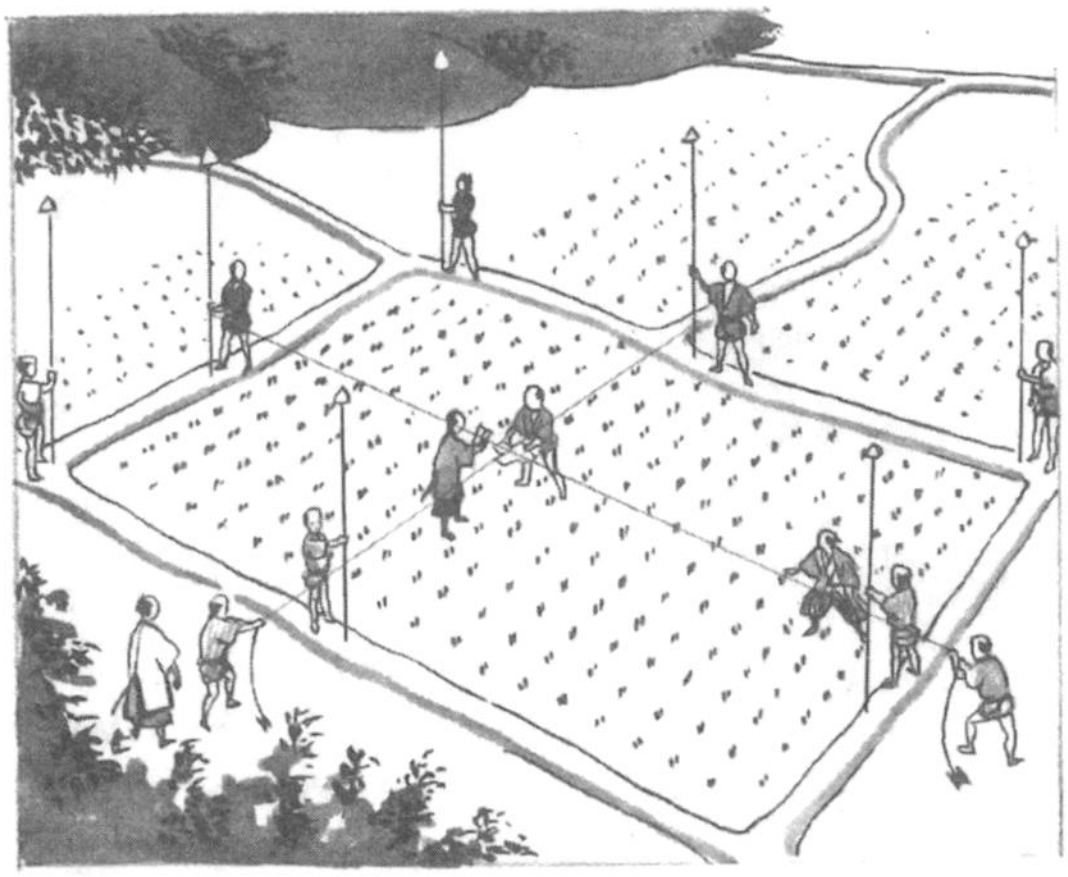
秀　吉　の　検　地

げました。これを**刀狩**《かたながり》といいます。

そのほか、落《お》ちついた世の中にするために、身分《みぶん》をかえることをきびしく取りしまりました。そのためにすぐれた力をもっていても、農民《のうみん》が商人《しょうにん》になることも、武士《ぶし》になる

の動きから通商《つうしょう》に応じない明《みん》をうつ兵《へい》を朝鮮《ちょうせん》にだしました。

大判《おおばん》**小判**《こばん》　秀吉のつくった貨幣《かへい》で、金貨《きんか》のことです。これまでいろいろちがう貨幣《かへい》がつくられていたのを全国同じものに統一《とういつ》しました。これで商業は大へん便利《べんり》になりました。

こともできなくなりました。

秀吉《ひでよし》はいろいろな貨幣《かへい》をつくり、そのために各地《かくち》の金山《きんざん》や銀山《ぎんざん》がさかんに掘《ほ》られました。また貨幣《かへい》が多くなったので、商業《しょうぎょう》はますますさかんになりました。

姫　路　城

桃山文化《ももやまぶんか》　長い間の乱《みだ》れがおさまって世の中にいきいきした気風《きふう》がみちてきたので、のびのびした文化《ぶんか》があらわれてきました。大名《だいみょう》たちは大きくて立派《りっぱ》な城《しろ》をつくり、自分たちのいきおいをしめしました。今残《のこ》っている姫路城《ひめじじょう》は、

芸道《げいどう》の発達《はったつ》　東山文化のなかでおこった茶道《さどう》や花道も大へん発達しました。茶《さ》では千利休《せんのりきゅう》がでて、茶道《どう》の方式《ほうしき》をととのえました。

また、それにしたがって茶室、庭園もさかんにつくられ、有名な京都の桂《かつら》離宮《りきゅう》は、この時代につくられたのを、後に修理《しゅうり》したものです。

その代表的《だいひょうてき》なもので、松の緑《みどり》に白くそびえる天守閣《てんしゅかく》は実《じつ》に美しいものです。

秀吉《ひでよし》は大阪城《おおさかじょう》、聚楽第《じゅらくだい》、伏見城《ふしみじょう》などの豪壮《ごうそう》な城《しろ》ややかたをつくりました。聚楽第《じゅらくだい》の建物《たてもの》の一部は今も西本願寺《にしほんがんじ》に残《のこ》っています。その屏風《びょうぶ》の絵《え》には、この時代のはなやかな面影《おもかげ》が残《のこ》っています。すぐれた絵《え》かきとして**狩野永徳《かのうえいとく》**や**狩《か》野山楽《のうさんらく》**が有名《ゆうめい》です。

この時代の雄大《ゆうだい》な気風《きふう》をあらわして、はなやかな文化《ぶんか》をうみました。秀吉《ひでよし》が年をとってから住《す》んでいた伏見城《ふしみじょう》のあった所を桃山《ももやま》といいましたので、この時代の文化《ぶんか》を**桃山《ももやま》文化《ぶんか》**といいます。

学習することがら

桃山文化はどんなとくちょうをもっていますか。

一六　徳川家康《とくがわいえやす》と江戸幕府《えどばくふ》

関《せき》が原《はら》の合戦《かっせん》　信長《のぶなが》のあとをついで、秀吉《ひでよし》は国内《こくない》の統一《とういつ》をみごとにやりとげましたが、朝鮮《ちょうせん》まで力をのばそうとして、十六世紀《せいき》の終《おわ》りころ、朝鮮《ちょうせん》に二回《にかい》も兵《へい》を送りました。しかし秀吉《ひでよし》はその結果《けっか》を見ないうちに死んでしまいました。

徳　川　家　康

秀吉《ひでよし》が死んでから、**徳川家康《とくがわいえやす》**の勢力《せいりょく》が強《つよ》くなり、全国《ぜんこく》の大名《だいみょう》たちは、秀吉《ひでよし》の子の秀頼《ひでより》をもり立てていこうとする**石田三成《いしだみつなり》**たちと、家康《いえやす》につこうとするものと二つにわかれ、関《せき》が原《はら》で戦《たたか》い

【注釈】

朝鮮征伐《ちょうせんせいばつ》　秀吉は明《みん》と貿《ぼう》易《えき》をしようとして朝鮮《ちょうせん》に取りつぎをたのみました。しかし、明《みん》がきかないので、まず朝鮮《ちょうせん》に軍《ぐん》たいをだしました。

第一回(一五九二―三)は、日本軍はものすごい勢いで北朝鮮《きたちょうせん》まで進《すす》みましたが、平和がととのってかえりました。第二回（一五九七―八）は、思うようにいかず、そのうちに秀吉が死んだので、引きあげました。

ました。

この戦《たたか》いは**天下《てんか》わけ目《め》の戦《たたか》い**といわれ、この戦《たたか》いで勝《か》った家康《いえやす》の力は、さらに大きくなり、一六一五年ついに大阪《おおさか》城《じょう》を攻《せ》めおとして秀頼《ひでより》の軍《ぐん》を滅《ほろ》ぼしてしまいました。

幕府《ばくふ》と大名《だいみょう》　家康《いえやす》は一六〇三年に征夷大将軍《せいいたいしょうぐん》になり、江《え》戸《ど》（いまの東京）に幕府《ばくふ》を開《ひら》きました。幕府《ばくふ》には老中《ろうちゅう》・若《わか》年寄《どしより》などの役《やく》をおいて政治《せいじ》をしました。これで戦国《せんごく》の世の中を統一《とういつ》して、平和《へいわ》な国《くに》にしようとした信長《のぶなが》や秀吉《ひでよし》の理想《りそう》が実《み》を結《むす》んだのです。

幕府《ばくふ》は大名《だいみょう》の力が強《つよ》くなって、世の中がみだれるのをふせぐために大名《だいみょう》の領地《りょうち》をきめなおしたり、大名《だいみょう》たちに一年おきに江戸《えど》で住《す》むようにさせました。これを**参勤交《さんきんこう》**

関が原の戦いの絵

幕府《ばくふ》と藩《はん》のしくみ　幕府は全国の四分の一の領地《りょうち》をもったうえ、大阪や京都など大切《たいせつ》な都市や港、鉱山《こうざん》、重要な土地に奉《ぶ》行《ぎょう》・代官《だいかん》・郡代《ぐんだい》をおいて、じぶんでおさめました。これを天領《てんりょう》といいます。

代《たい》といいます。また、天皇《てんのう》や公家《くげ》、神社《じんじゃ》や寺にたいしても、きびしいきまりをつくって、取《と》りしまりました。そして幕府《ばくふ》は旗本《はたもと》という、将軍《しょうぐん》自身《じしん》の家来《けらい》がたくさんいて守《まも》るようにしくまれていました。

参勤交代のための大名行列

きびしい身分《みぶん》　このような政治《せいじ》のしくみでは、武士《ぶし》が一ばん大きな力を持つことが必要《ひつよう》になります。そこで、人々の身分《みぶん》も士《し》（武士《ぶし》）・農《のう》（百姓《ひゃくしょう》）・工《こう》（職人《しょくにん》）・商《しょう》（商人《しょうにん》）の四つにわけ、武士《ぶし》を民衆《みんしゅう》の上に立たせることにしま

それ以外《いがい》の土地は二百六十あまりの大名の領地（藩《はん》）になりましたが、徳川氏のおもな一族（親藩《しんぱん》）や三河《みかわ》以来の大名であった家臣《かしん》（譜代《ふだい》）には大切《せつ》な土地をあたえ、関が原の戦い後に徳川氏についた大名（外様《とざま》）はへんぴな土地におきました。

五人組《ごにんぐみ》の制度《せいど》　農民や町人をとりしまるために、隣《となり》どうし五軒《けん》の家を一つの組にして、年貢《ねんぐ》をおさめたり、おたがいの間に犯罪《はんざい》などおかさないように責任《せきにん》をもたせるしくみにしました。

した。百姓《ひゃくしょう》は人々の生活《せいかつ》の本《もと》である農業《のうぎょう》をするために武士《ぶし》の次《つぎ》にされ、商人《しょうにん》は金《かね》をもうけることしかしないから、一ばん下にされました。そしてこの身分《みぶん》は生まれながらにしてきまっていることにしました。また、この身分《みぶん》によって衣《い》、食《しょく》、住《じゅう》にそれぞれ制限《せいげん》がもうけられました。

農民《のうみん》は、ふたたび検地《けんち》され、きびしい税《ぜい》の取《と》り立てをうけ、また、道路《どうろ》や川の修理《しゅうり》に出され、生活《せいかつ》は大へん苦《くる》しいものでした。

武士《ぶし》の間《あいだ》では、主人《しゅじん》は家来《けらい》をやしない、そのかわり、家《け》来《らい》は主人《しゅじん》の命令《めいれい》に絶対《ぜったい》に従《したが》わなければなりませんでした。こうした主従《しゅじゅう》の間《あいだ》がらを、封建的《ほうけんてき》な間《あいだ》がらとよんでいます。それは、武士《ぶし》の間《あいだ》ばかりでなく、他《た》の身分《みぶん》の人々の間《あいだ》

幕府のしくみ

- 将軍
  - 大老《たいろう》（必要なとき）
  - 老中《ろうじゅう》
    - 大目付《おおめつけ》（大名の監視）
    - 勘定奉行《かんじょうぶぎょう》（幕府の財政）
    - 江戸町奉行《えどまちぶぎょう》
    - 城代《じょうだい》
    - 遠国奉行《おんごくぶぎょう》
  - 若年寄《わかどしより》 ― 目付《めつけ》（旗本の監視）
  - 寺社奉行《じしゃぶぎょう》
  - 京都所司代《しょしだい》
  - 大阪城代《じょうだい》

御朱印船《ごしゅいんせん》　秀吉は貿易をゆるす朱印《しゅいん》をおした書きつけ（朱印状《しゅいんじょう》）をあたえて貿易をさせました。この船を御朱印船といいます。

にも同《おな》じかたちがありました。こうした封建的《ほうけんてき》な間《あいだ》がらや封建的《ほうけんてき》な世の中のしくみは鎌倉幕府《かまくらばくふ》のできたころから、江《え》戸幕府《どばくふ》の開《ひら》かれるまでにしだいにつくられたのです。

鎖国《さこく》　東アジアやヨーロッパの国々《くにぐに》との貿易《ぼうえき》は、室町幕《むろまちばく》府《ふ》のころからはじまって、しだいにさかんになりました。ことに秀吉《ひでよし》は貿易《ぼうえき》をゆるす**朱印状《しゅいんじょう》**を商人《しょうにん》にあたえて通商貿《つうしょうぼう》易《えき》をしょうれいしましたが、家康《いえやす》もその利益《りえき》に目《め》をつけて**御朱印船《ごしゅいんせん》**をどしどし海外《かいがい》に出しました。そのためにシャム（いまのタイ）でかつやくした山田長政《ながまさ》のように外国《がいこく》へ渡《わた》った日本人も多く、東南《とうなん》アジアの国々《くにぐに》では日本人町さえできました。

家康《いえやす》は外国《がいこく》との貿易《ぼうえき》はのぞみましたが、封建制度《ほうけんせいど》をくず

した。家康もおなじ方法《ほうほう》で貿易をさかんにおこなわせました。

この船はフィリピン、シャム、インドシナなどへ出かけていきました。

島原《しまばら》の乱《らん》　九州の島原や天草《あまくさ》島のあたりは、秀吉のころ有名なキリスト教信者《しんじゃ》の大名《だいみょう》の有馬《ありま》、小西《こにし》などがいました。幕府《ばくふ》はその大名をとりかえて、きびしくキリスト教をとりしまりましたので、十六才の天草四郎時貞《ときさだ》をかしらとして、一六三七年、原《はら》の城《じょう》にたてこもり、信者たちは幕府にそむきま

すおそれのあるキリスト教はきびしくとりしまっていました。しかし、ザビエルが伝《つた》えたキリスト教は信者《しんじゃ》がふえ、ことに貿易《ぼうえき》がさかんになって外国船《がいこくせん》が自由《じゆう》に出入《でい》りするようになると、ますますふえてきました。そこで幕府《ばくふ》はいっそうきびしく取《と》りしまり、キリストやマリアの絵《え》をふませて信者《しんじゃ》を見つけだし、きかない者《もの》を死刑《しけい》にして信者《しんじゃ》をなくしようとしましたので、九州《きゅうしゅう》の島原《しまばら》の信者《しんじゃ》たちは幕府《ばくふ》の命令《めいれい》にそむいて幕府《ばくふ》の軍《ぐん》と戦《たたか》いました。これを**島原《しまばら》の乱《らん》**といいます。

しかし、外国船《がいこくせん》がたくさんはいってきては、じゅうぶんにとりしまることができません。そこで、三代将軍《さんだいしょうぐん》**徳川家《いえ》光《みつ》**は、一六三九年に海外《かいがい》との交通《こうつう》をとめてしまう**鎖国令《さこくれい》**を

した。それには幕府に不平のある浪人《ろうにん》も加わり、勇《ゆう》かんに戦《たたか》いましたので、幕府もなかなか城をおとすことはできませんでした。

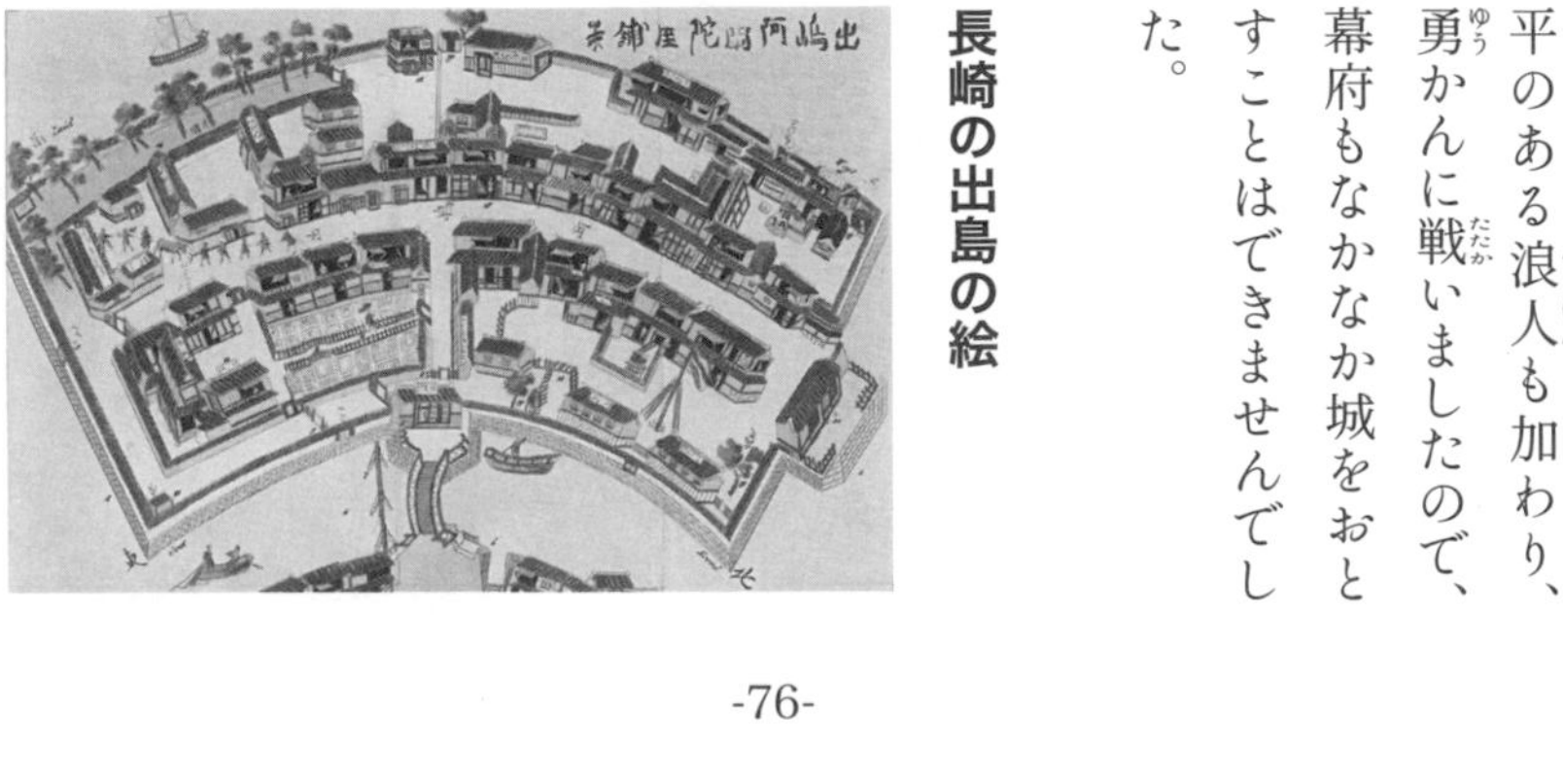

長崎の出島の絵

だして、日本の国を海外《かいがい》からとざしてしまいました。

そのために日本人は海外《かいがい》に渡《わた》ることができなくなり、貿《ぼう》易《えき》も、キリスト教と関係《かんけい》のないオランダと中国《ちゅうごく》の船《ふね》だけが**長崎《ながさき》の出島《でじま》**で貿易《ぼうえき》することをゆるされました。したがって、外国《がいこく》の文化《ぶんか》のはいってくる窓《まど》は、長崎《ながさき》だけになりました。

ところが、このころヨーロッパでは、社会《しゃかい》のしくみがかわり、人々が新しい考えのもとに、国をどんどん発展《はってん》させていました。こうしたときに、外国《がいこく》との交《まじ》わりをたちきったことは、封建制度《ほうけんせいど》をたもち、国内《こくない》の平和《へいわ》を持ちつづけることにはなりましたが、世界《せかい》の動きからすっかりとり残《のこ》される結果《けっか》になりました。

学習することがら

1. 徳川幕府のとった政治のうち、大切なことをあげなさい。
2. 封建的な間がらとは、どんなことをいうのでしょう。
3. 鎖国をしてよかったこと、わるかったことを考えなさい。

一七　商工業《しょうこうぎょう》の発達《はったつ》と町人《ちょうにん》の力

商工業《しょうこうぎょう》の発達《はったつ》　幕府《ばくふ》が、世界《せかい》の国々《くにぐに》と広《ひろ》く交《まじ》わることをしなくなってから、国内《こくない》の封建的《ほうけんてき》なしくみはしっかりとし、平和《へいわ》な世《よ》の中がつづきました。そして、幕《ばく》府《ふ》や大名《だいみょう》が力をいれたので、産業《さんぎょう》もしだいに発達《はったつ》してきました。

家内工業

農業《のうぎょう》では、田や畑《はたけ》をふやすために、さかんに新しい土地《とち》が開《かい》こんされました。新しく開《ひら》かれた土《と》

【注釈】

新しい農具《のうぐ》　備中鍬《びっしゅうぐわ》、千《せん》歯《ば》こき、唐《とう》み、千石《せんごく》どおし、ふみ車などが新しくできました。

鉱山《こうざん》
生野《いくの》（兵庫県）の銀《ぎん》山
足尾《あしお》（栃木県）の銅山
釜石《かまいし》（岩手県）の鉄山
など。

特産物（とくさんぶつ）
国分《こくぶ》（鹿児島）のたばこ
長崎（長崎県）の絵むしろ
博多（福岡県）の博多織《はかたおり》
久留米《くるめ》（福岡県）のかすり
阿波《あわ》（徳島県）のあい

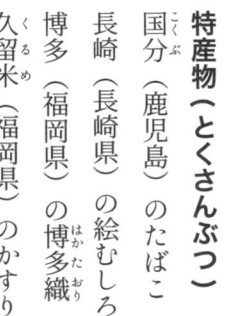

地《ち》は**新田**《しんでん》とよばれ、いまでも地名《ちめい》などに残《のこ》っています。

農具《のうぐ》も改良《かいりょう》され、作物《さくもつ》のつくり方《かた》の研究《けんきゅう》も進《すす》みました。さとうきびやさつまいもなどの新しい作物《さくもつ》が作られたのも徳川時代《とくがわじだい》です。

また、幕府《ばくふ》は各地《かくち》の鉱山《こうざん》をどしどし掘《ほ》らせたので、金《きん》をはじめ、銀《ぎん》や銅《どう》がたくさんとれました。鉱山《こうざん》では、佐渡《さど》の金山《きんざん》が有名《ゆうめい》です。

工業《こうぎょう》もこのころさかんになり、小さいながら工場《こうじょう》らしいものもうまれました。大名《だいみょう》の中にも産業《さんぎょう》に力を入れる人々が現《あら》われたので、各地《かくち》に**特産物**《とくさんぶつ》とよばれるものがふえてきました。

こうして物が多く生産《せいさん》されるようになったので、品物《しなもの》の売《う》

川口《かわぐち》（埼玉県）の鋳物《いもの》
備後《びんご》（広島県）の畳表《たたみおもて》
京都の西陣織《にしじんおり》（絹織物）
灘《なだ》（兵庫県）の酒
富山《とやま》（富山県）の薬
加賀《かが》（石川県）の九谷焼《くたにやき》
肥前《ひぜん》（佐賀県）の有田焼《ありたやき》
銚子《ちょうし》（千葉県）のしょう油《ゆ》
輪島《わじま》（石川県）の輪島塗《わじまぬり》
仙台《せんだい》（宮城県）の仙台平《せんだいひら》（絹織物）
津軽《つがる》（青森県）の津軽塗《つがるぬり》
美濃《みの》（岐阜県）の美濃紙
出羽《でわ》（山形県）の紅花《べにはな》
宇治《うじ》（京都府）の茶
河内《かわち》（大阪府）の木綿《もめん》

り買《か》いがさかんになりました。また、それにつれて、商人《しょうにん》のなかに、問屋《とんや》・仲買人《なかがいにん》・小売商《こうりしょう》という区別《くべつ》もうまれました。

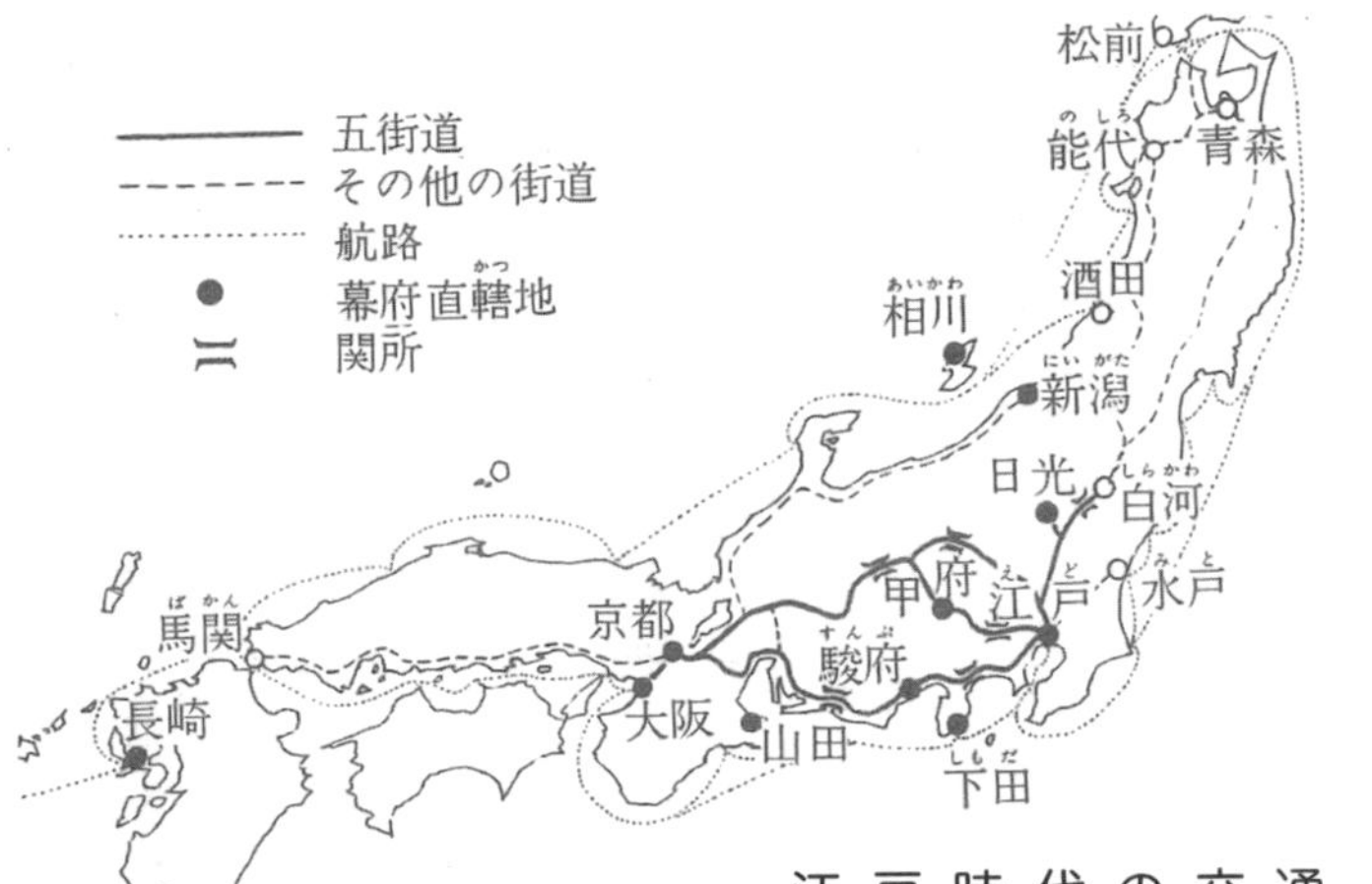

江戸時代の交通

このころの商業《しょうぎょう》の中心《ちゅうしん》は江戸《えど》と大阪《おおさか》でした。江戸《えど》と大阪《おおさか》には各地《かくち》の産物《さんぶつ》が集《あつ》まってくるので、大きな問《とん》屋《や》や小売店《こうりてん》がたくさんできました。江戸《えど》の越後屋《えちごや》呉《ご》服店《ふくてん》は有名《ゆうめい》な大きな店で、のちにいまの三越《みつこし》デパートに発展《はってん》しました。大阪《おおさか》には

五街道《ごかいどう》
東海道《とうかいどう》…（江戸《えど》—小田原《おだわら》—府中《ふちゅう》—浜松《はままつ》—桑名《くわな》—草津《くさつ》—京《きょう》都《と》）五三次
中山道《なかせんどう》…（江戸《えど》—高崎《たかさき》—追分《おいわけ》—下諏訪《しもすわ》—中津川《なかつがわ》—関ヶ原《せきがはら》—守山《もりやま》）六七次
甲州街道《こうしゅうかいどう》…（江戸《えど》—甲府《こうふ》—上諏訪《かみすわ》）四四次
日光街道《にっこうかいどう》…（江戸《えど》—古河《こが》—宇都宮《うつのみや》—日光《にっこう》）二一次
奥州街道《おうしゅうかいどう》…（江戸《えど》—古河《こが》—宇都宮《うつのみや》—白河《しらかわ》）二七次

大きな米市場《こめいちば》ができて、全国《ぜんこく》の米《こめ》が集《あつ》まり、さかんに売《う》り買《か》いされました。

交通《こうつう》の発達《はったつ》　産業《さんぎょう》の発展《はってん》につれて交通《こうつう》も次第に開《ひら》けました。

まず街道《かいどう》がととのいました。東海道《とうかいどう》・中山道《なかせんどう》・奥州街《おうしゅうかい》道《どう》・甲州街道《こうしゅうかいどう》・日光街道《にっこうかいどう》の**五街道《ごかいどう》**は、江戸《えど》の日本橋《にほんばし》から四《し》方《ほう》にわかれる大切《たいせつ》な道路《どうろ》で、なかでも東海道《とうかいどう》はもっともにぎやかな街道《かいどう》でした。

街道《かいどう》には**宿駅《しゅくえき》**があって、そこには宿屋《やどや》をはじめ、かごや馬《うま》のせつびがあり、また、宿駅《しゅくえき》の間には、旅《たび》の目《め》やすになるように一里塚《いりちづか》がつくられました。

しかし、その反面《はんめん》、はんざい人を見つけたり、戦《たたか》いにそ

宿駅《しゅくえき》　宿駅には大名たちがとまる本陣《ほんじん》や脇本陣《わきほんじん》、町人《ちょうにん》たちのとまるはたごやがありました。

そこにしぜんと人家があつまって宿場町《しゅくばまち》ができました。東海道の三島《みしま》、藤枝《ふじえだ》などはその宿場町です。

関所《せきしょ》と渡《わた》し　江戸時代には幕府《ばくふ》はとりしまりのために街道《かいどう》には関所《せきしょ》をもうけて、通行人《つうこうにん》を厳重《げんじゅう》にとりしまりました。とくに「入り鉄砲《てっぽう》に出女」といって、江戸に入る鉄砲《てっぽう》や江戸から出て行く女をきびしくとりしまりました。東海道《とうかいどう》の箱根《はこね》や、中山道《なかせんどう》

なえて大切《たいせつ》な場所《ばしょ》には**関所**《せきしょ》をおき、川にはかってに橋《はし》をかけさせませんでした。箱根《はね》の関所《せきしょ》や大井川《おおいがわ》の渡《わた》しで旅人《たびびと》が苦《くる》しんだのは有名《ゆうめい》な話です。

また、海上《かいじょう》の交通《こうつう》も開《ひら》けました。江戸《えど》と大阪《おおさか》の間には定期《ていき》に船《ふね》が往復《おうふく》しました。本州《ほんしゅう》を一回《ひとまわ》りする航路《こうろ》もできました。

このころには、手紙《てがみ》や小荷物《こにもつ》をはこぶ飛脚屋《ひきゃくや》もできました。

町人《ちょうにん》**の力**《ちから》　町人《ちょうにん》というのは商人《しょうにん》や職人《しょくにん》たちのことで、おもに町《まち》にすんでいたので、こうよばれました。商業《しょうぎょう》がさかになると、貨幣《かへい》はしだいに商人《しょうにん》に集《あつ》まりました。一方《いっぽう》、武士《ぶし》は町《まち》でくらすようになったので、くらしがぜいたくになり、生活《せいかつ》が苦《くる》しくなりました。このことは大名《だいみょう》たちも同じ

の碓水《うすい》の関所《せきしょ》は有名《ゆうめい》です。また大切な川には橋をかけませんでした。このため水の多い時は川どめで苦労《くろう》したものです。大井《おおい》川《がわ》の渡《わた》しの話は有名《ゆうめい》です。

大井川のれんだい

でした。そこで、大名《だいみょう》や武士《ぶし》たちの中には商人《しょうにん》からお金を借《か》りるものがふえてきました。

大きな商人《しょうにん》は、大名《だいみょう》が農民《のうみん》から取《と》り立てた米を売《う》ったり買《か》ったりし、米のねだんを自由《じゆう》につけることができたので、たいへんお金がもうかりました。その金を大名《だいみょう》や武士《ぶし》だけではなく、農民《のうみん》にも貸《か》したりしたので、町人《ちょうにん》の前《まえ》にはだれも頭《あたま》があがらなくなりました。もし金を借《か》りた大名《だいみょう》で、武力《ぶりょく》で金を返《かえ》さないものがあると、次《つぎ》にはどの商人《しょうにん》も、その大名《だいみょう》には金を貸《か》さないようにしました。このような商人《しょうにん》の中には武士《ぶし》とおなじように姓《せい》を名のり、刀《かたな》をさすことをゆるされる者もでてきました。

米商人のはんじょう

一八　町人《ちょうにん》の文化《ぶんか》と学問《がくもん》の発達《はったつ》

町人《ちょうにん》の文化《ぶんか》　町人《ちょうにん》たちの力が大きくなるにつれて、十七世紀《せいき》の終《お》わりころから十九世紀《せいき》にかけて、町人《ちょうにん》たちの間から、りっぱな文化《ぶんか》がうまれました。はじめ大阪《おおさか》を中心《ちゅうしん》に**元禄文化《げんろくぶんか》**がうまれましたが、のちに江戸《えど》を中心《ちゅうしん》に文化《ぶんか》がさかえました。これを文政の文化といいます。

菱川師宣のかいた浮世絵

これまでの学問《がくもん》や芸術《げいじゅつ》は、おもに公家《くげ》や僧侶《そうりょ》をはじめ、身分《みぶん》の高い武士《ぶし》たちがつくったものでしたが、この町人《ちょうにん》たちの文化《ぶんか》は、民衆《みんしゅう》

【注釈】

江戸時代《えどじだい》の学校《がっこう》
昌平校《しょうへいこう》　将軍家光から林羅《ら》山が上野に土地をもらい塾《じゅく》をひらきましたが、後に湯島《ゆしま》にうつり幕府の学校となり儒教《じゅきょう》を教えました。
藩校《はんこう》　大名が家来の武士を教育するためにたてた学校。儒教《じゅきょう》や武術《ぶじゅつ》を教えました。
塾《じゅく》　学者が自分で学校を開いて弟子に学問を教えました。
寺子屋《てらこや》　僧や神官《しんかん》などが百姓や町人の子供に読み・書き・そろばんを教えま

の生活《せいかつ》がよくあらわされていたので、町人《ちょうにん》たちの間にすっかりとけこんでいきました。

小説《しょうせつ》では、**井原西鶴《いはらさいかく》**が町人《ちょうにん》の生活《せいかつ》をたくみにえがきました。**近松門左衛門《ちかまつもんざえもん》**は、浄瑠璃《じょうるり》や人形芝居《にんぎょうしばい》にすぐれた作品《さくひん》を生《う》み、このために歌舞伎芝居《かぶきしばい》がさかんとなり、町人《ちょうにん》の人気《にんき》を集《あつ》めました。**松尾芭蕉《まつおばしょう》**は多くのりっぱな俳句《はいく》を残《のこ》しました。

絵《え》としては、町人《ちょうにん》の生活《せいかつ》をえがいた浮世絵《うきよえ》の版画《はんが》がつくられ、**菱川師宣《ひしかわもろのぶ》**の絵《え》は民衆《みんしゅう》の人気《にんき》を集《あつ》めました。このほか人物《じんぶつ》にたくみな**喜多川歌麿《きたがわうたまろ》**や東海道《とうかいどう》五十三次《つぎ》の作品《さくひん》で有名《ゆうめい》な**安藤広重《あんどうひろしげ》**なども出ました。また、町人《ちょうにん》の生活《せいかつ》をおもしろく歌った**狂歌《きょうか》**や**川柳《せんりゅう》**も民衆《みんしゅう》の間でさかんにつくられました。

歌舞伎《かぶき》　江戸時代のはじめに、出雲《いずも》から阿国《おくに》という女がでて、京都で踊《おど》りをはじめました。歌舞伎はこれから発達したといわれています。最初のころは、歌と踊《おど》りを主としていましたが、次第《しだい》に劇《げき》になり、また女優《じょゆう》から男《だん》優《ゆう》中心になって、世の中がすっかり平和になった元禄《げんろく》のころには非常に盛《さか》んになりました。江戸の市川団十郎《いちかわだんじゅうろう》や京、大阪の坂田藤十郎《さかたとうじゅうろう》が名声《めいせい》をえたのもこのころです。

た。

これらの小節《しょうせつ》や浮世絵《うきよえ》が、多《おお》くの町人《ちょうにん》たちにしたしまれるようになったのは、この時《じ》代《だい》に印刷《いんさつ》技《ぎ》術《じゅつ》が進歩《しんぽ》したことも大きなげいいんの一つでした。このころの新聞にあたる**瓦版**《かわらばん》がつくりだされて、町人《ちょうにん》たちのために報道《ほうどう》の役目《やくめ》をつとめたのも、そのためです。

広重のかいた浮世絵

学問《がくもん》**の発達**《はったつ》　封建制度《ほうけんせいど》のしくみをつづけていくには、中《ちゅう》国《ごく》の学問《がくもん》である**儒学**《じゅがく》の教《おし》えをよりどころとすることがよ

瓦版《かわらばん》　木版《もくはん》や土版《どばん》ですって、各地《かくち》のめずらしいうわさばなしや事件《じけん》をのせて、それを読みながら売りました。大阪《おおさか》や江戸《えど》で元禄《げんろく》のころからはじまりました。

本居宣長《もとおりのりなが》（一七三〇—一八〇一）伊勢《いせ》（三重県）松阪の人です。賀茂真淵《かものまぶち》に教えをうけた人で、とくに古事記《こじき》の研究《けんきゅう》を熱心《ねっしん》にしました。三五年もかかって、古事記伝《こじきでん》四四巻を完成《かんせい》しました。国学《こくがく》は、皇室《こうしつ》をとうとぶ思想《しそう》と結《むす》びつき、幕府を倒《たお》す運動《うんどう》になりました。

かったので、幕府《ばくふ》はこの学問《がくもん》の研究《けんきゅう》を熱心《ねっしん》にすすめました。そこで、すぐれた学者《がくしゃ》が多く出て**儒学**《じゅがく》は大へんさかんになりましたが、中国《ちゅうごく》だけをほめるような学者《がくしゃ》も現《あら》われるようになりましたので、もっと自分の国のことがらを研究《けんきゅう》しようという国学《こくがく》がおこってきました。この学者《がくしゃ》の中で、**本居宣長**《もとおりのりなが》は有名《ゆうめい》な一人です。

また、ヨーロッパの学問《がくもん》を研究《けんきゅう》しようとする人たちも室《むろ》町幕府《まちばくふ》の終《おわ》りころから出ましたが、鎖国《さこく》によって、困難《こんなん》になりました。それでもなんとかヨーロッパの学問《がくもん》をしようとする人たちは長崎《ながさき》に集《あつ》まりました。そして苦労《くろう》をしてオランダ語《ご》を学び、オランダの本によって研究《けんきゅう》しました。その人たちの中で、**前野良沢**《まえのりょうたく》・**杉田玄白**《すぎたけんぱく》たちは、オランダの

国学の四大人
荷田春満《かだのあずままろ》→賀茂真淵《かものまぶち》→
本居宣長《もとおりのりなが》→平田篤胤《ひらたあつたね》。

新井白石《あらいはくせき》（一六五六—一七二五）木下順庵《きのしたじゅんあん》に学問《がくもん》を学び、六代、七代将軍に仕《つか》えて、幕府の財政《ざいせい》をたてなおすのに、てがらがありました。また学者《がくしゃ》としては、歴史《れきし》の研究《けんきゅう》に力をそそぎ、合理的《ごうりてき》な研究《けんきゅう》を、こころみました。
またひそかに日本に入国しようとして、とらえられたイタリア人から、世界《せかい》のようすを聞いて、西洋紀聞《ようきぶん》をあらわしました。

医学《いがく》の本にある人体《じんたい》の解剖図《かいぼうず》の正しさを、実際《さい》に解剖《かいぼう》をしてみてたしかめ、その本を翻訳《ほんやく》して**解体新書**《かいたいしんしょ》をあらわしました。これは理論《りろん》の正しさを事実《じじつ》によって証拠立《しょうこだ》てるヨーロッパの学問《がくもん》の方法《ほうほう》を日本に取《と》り入れるきっかけとなりました。また、**新井白石**《あらいはくせき》は有名《ゆうめい》な儒学者《じゅがくしゃ》ですが、日本にきたイタリア人から世界《せかい》のようすを聞き、**西洋紀聞**《せいようきぶん》という本を書きました。

このほか、**平賀源内**《ひらがげんない》は電気《でんき》の機械《きかい》をつくり、**伊能忠敬**《いのうただたか》は大へん正しい日本の地図《ちず》をつくりました。また**関孝和**《せきたかかず》は和《わ》算《さん》とよばれる日本流《にほんりゅう》の数学《すうがく》を、そのころのヨーロッパの数《すう》学《がく》にもおとらないものにしました。

オランダの学問《がくもん》を**蘭学**《らんがく》といいましたが、その研究《けんきゅう》からさ

平賀源内《ひらがげんない》（一七二九―一七七九）四国の香川県《かがわけん》の足軽《あしがる》の子でしたが、長崎にいってオランダ語を勉強しました。そして寒暖《かんだん》計《けい》や摩擦発電機《まさつはつでんき》を考案《こうあん》した人です。また文学の才《さい》能《のう》もすぐれ、芝居《しばい》の台本《だいほん》なども書きました。

蘭学《らんがく》　吉宗《よしむね》が、キリスト教に関係《かんけい》のない書物《しょもつ》の輸《ゆ》入《にゅう》を許《ゆる》し、オランダ語を中心とした西洋《せいよう》の学問《がくもん》の研究《けんきゅう》がさかんになりました。洋学者《ようがくしゃ》は長崎にいって学問《がくもん》を研究《けんきゅう》しました。とくにオランダの商館《しょうかん》の医師《いし》として長崎にきた、

らに広《ひろ》いヨーロッパの学問《がくもん》の研究《けんきゅう》へとすすんで、日本の科《か》学研究《がくけんきゅう》の芽《め》ばえとなりました。

寺子屋《てらこや》　平和《へいわ》がつづき学問《がくもん》がさかえたので民衆《みんしゅう》の子供《こども》たちも、七・八才ごろから寺子屋《てらこや》とよばれる学校に行き、読《よ》み・書《か》き・そろばんなどを勉《べん》強《きょう》するようになりました。そして、この寺子屋《てらこや》が発展《はってん》して、のちに今のような小学校ができたのです。

寺　子　屋

…………………………………………

ドイツ人、シーボルトは塾《じゅく》をひらき、大勢《おおぜい》の門人《もんじん》に教えたので、やがて門《もん》人《じん》たちにより長崎、大阪、江戸に蘭学《らんがく》の塾《じゅく》がひらかれるまでになりました。

学習することがら

1. 江戸や大阪に生まれた文化はどんな文化ですか。
2. 江戸時代の学者、美術家、小説家、詩人をあげ、どんなしごとをしたか、しらべましょう。

一九　江戸幕府《えどばくふ》のおとろえ

生活《せいかつ》の苦《くる》しくなった武士《ぶし》　十七世紀《せいき》の終《おわ》りころになると、武士《ぶし》のくらしはたいへん苦《くる》しくなりました。大名《だいみょう》もいろいろな費用《ひよう》がふえてきてこまっていました。そこで大名《だいみょう》や武士《ぶし》で商人《しょうにん》から金を借《か》りるものが多くなり、なかには返《かえ》せないものもでてきました。

このために商人《しょうにん》の家《いえ》に子供《こども》を養子《ようし》にやるものもあったし、商人《しょうにん》の子供《こども》を養子《ようし》にむかえるものもありました。また身分《みぶん》のひくい武士《ぶし》たちは、いろいろな内職《ないしょく》をしてくらしをささえるものも多くなり、きびしかった身分《みぶん》の区別《くべつ》が、しだいにくずれはじめました。

百姓一揆《ひゃくしょういっき》　武士《ぶし》たちが生活《せいかつ》に苦《くる》しんだころ、農村《のうそん》もくら

【注釈】

農村《のうそん》のくらしむき　まえには農民《のうみん》は食べ物だけでなく、衣類《いるい》などの自分たちでつくって生活をしていましたが、商工業《しょうこうぎょう》が発達すると、いろいろな商《しょう》品《ひん》が農村にも入って、農《のう》民《みん》は現金《げんきん》で商品《しょうひん》を買いはじめました。その現金《げんきん》は、農作物《のうさくぶつ》を商人に売って手に入れなければなりませんので、商人に農作物《のうさくぶつ》を安く買いとられ、高い商《しょう》品《ひん》を買うようになって、くらしは大へんむずかしくなりました。

しむきがかわって農民《のうみん》も税《ぜい》をおさめられないほどこまってきました。村々《むらむら》では、大切《たいせつ》な田や畑《はたけ》さえ売《う》ってしまう者がふえてきました。

一方《いっぽう》、村《むら》の大地主《おおじぬし》はこのように生活《せいかつ》にこまった農民《のうみん》から土地《とち》を買《か》い集《あつ》め、さらに質屋《しちや》や酒屋《さかや》をはじめ、高利貸《こうりかし》をしてますます大きくなりました。また、町の商人《しょうにん》も農村《のうそん》に入《はい》りこんで農民《のうみん》の土地《とち》を買《か》い、農具《のうぐ》や肥料《ひりょう》の代金《だいきん》を貸《か》すかわりに米《こめ》や野菜《やさい》を安《やす》く買《か》いしめてもうけました。

このようにこまっている農民《のうみん》をいっそう苦《くる》しめたのは、日でりや、長雨《ながあめ》のような天災《てんさい》でした。天災《てんさい》の年には作物《さくもつ》がとれず、たびたびききんが起《おこ》り、そのたびに多くの農民《のうみん》はうえ死《じ》にしました。十八世紀《せいき》の中ごろ東北地方《とうほくちほう》に起《おこ》ったき

百姓一揆《ひゃくしょういっき》 ききんなどがあると、幕府《ばくふ》は農民《のうみん》を救《すく》うことができないばかりか、年貢《ねんぐ》をきびしくとりたてたので、農民《のうみん》は年貢《ねんぐ》を軽くしてもらおうとして次《つぎ》のようなことをしました。

・**越訴《おっそ》** 領主《りょうしゅ》にじかに事《じ》情《じょう》をうったえる。

・**逃散《ちょうさん》** 村全体《ぜんたい》が申《もう》しあわせて土地をすてる。

・**強訴《ごうそ》** 竹やりやむしろをおしたてて役人《やくにん》のところにおしかける。

これらを一揆《いっき》といいます。

きんでは十数万人《まん》がうえ死《じ》にしたといわれます。こんなにひどいひがいがでるようになったのも、幕府《ばくふ》や大名《だいみょう》の力が弱《よわ》くなり、十分《じゅうぶん》に救《すく》いの手をだすことができなくなったからです。

そのために、**百姓一揆《ひゃくしょういっき》**や打《う》ちこわしが盛んに起《おこ》りました。くわやかまをもった農民《のうみん》たちが、役人《やくにん》や大地主《おおじぬし》のところにおしかけ米をうばったり、年貢《ねんぐ》をまけてもらおうとしました。

ききんがおこると、町へも米が送《おく》られてきません。米のねだんがたいへん高くなります。米の買えなくなった町人《ちょうにん》たちは、大ぜいで金持《かねもち》や大商人《だいしょうにん》の家《いえ》をおそって米などをうばい取《と》ったりしました。これを**打《う》ちこわし**といいます。一

大塩平八郎《おおしろへいはちろう》　もと大阪奉《おおさかぶ》行《ぎょう》の役人で文武《ぶんぶ》にすぐれた人でした。役人をやめて学問を教えていました。一八三七年、二年続きの不作で米のねだんが上がり、うえ死にするものもありました。平八郎は奉《ぶ》行《ぎょう》に米を出して救うようにいいましたが、ききません。そこで金持ちから米をうばって困っている人々にわけようとして同《どう》志《し》三十人と町に火をつけて役人と戦いました。

八三七年、大阪《おおさか》の**大塩平八郎**《おおしおへいはちろう》がおこした打《う》ちこわしは、武力《ぶりょく》ではじめて幕府《ばくふ》に手をむかったものでした。

打ちこわし

政治《せいじ》の改革《かいかく》　このように生活《せいかつ》の苦《くる》しくなった人々が、いろいろなさわぎを起《お》こすようになると、幕府《ばくふ》も政治《せいじ》のしかたを改《あらた》めようとしました。十八世紀《せいき》のはじめころの将軍《しょうぐん》だった吉宗《よしむね》は、武士《ぶし》をはじめ、いっぱんの民衆《みんしゅう》にもぜいたくな生活《せいかつ》をやめて、質素倹約《しっそけんやく》をすすめました。

徳川吉宗《とくがわよしむね》（一六八四―一七五一）紀州《きしゅう》（和歌山県）家《け》から入《はい》って将軍となると、すべて家康《いえやす》の時代を手本《てほん》にして政治をあらためようとしました。これを享保《きょうほう》の改革といいますが、あまり成功しませんでした。

よい裁判で名高い大岡忠相《おおおかただすけ》はこの時の人です。

松平定信《まつだいらさだのぶ》（一七五八―一八二九）吉宗《よしむね》の孫。吉宗《よしむね》のころの政治になおそうとしました。寛政《かんせい》の改革といいます。けんやくをして、ききんや不作にそなえるようにしました。

また、生産《せいさん》をさかんにするために、いろいろな産業《さんぎょう》を起《おこ》し、新しい土地《とち》（新田《しんでん》）の開《かい》こんに力をいれました。**青木昆陽**《あおきこんよう》という学者《がくしゃ》に命《めい》じて、さつまいものさいばいを広《ひろ》くおこなうようにさせたのも、このころです。

その後も幕府《ばくふ》では、**松平定信**《まつだいらさだのぶ》や**水野忠邦**《みずのただくに》が用《もち》いられて政治《せいじ》を改革《かいかく》して世の中をたてなおそうとしました。

しかし、ゆるみはじめた封建制度《ほうけんせいど》の世の中を、ひきしめることはなかなかむずかしく、天災《てんさい》やその他《た》いろいろなできごとがあるたびに幕府《ばくふ》の無力《むりょく》なことが、だんだんはっきりしてきました。

水野忠邦《みずのただくに》（一七四九—一八五一）政治《せいじ》をたてなおそうと最後《さいご》まで努《つと》めましたが反対するものが多くてしりぞきました。天保《てんぽう》の改革《かいかく》といいます。

学習することがら

百姓一揆はどうしておこりましたか。

二〇　日本の眠《ねむ》りをさました黒船《くろふね》

世界《せかい》の動《うご》き　日本が国をとざしたころから、世界《せかい》のようすはどんどんとかわっていきましたが、一ばんめざましい進《すす》み方《かた》をしたのはイギリスの国です。

イギリスでは、早《はや》くから議会《ぎかい》がありましたが、十七世紀《せいき》の終《お》わりころから近代的《きんだいてき》な議会政治《ぎかいせいじ》がおこなわれるようになり、それがヨーロッパの国々《くにぐに》にひろがっていきました。自《じ》由《ゆう》と平等《びょうどう》の新しい考《かんが》えからアメリカ合衆国《がっしゅうこく》がイギリスから独立《どくりつ》したのは一七七六年です。一七八九年にはフランスでも封建制度《ほうけんせいど》がくずれて、民主主義《みんしゅしゅぎ》の新しい政治《せいじ》がはじまりました。

また、イギリスでは科学《かがく》が進歩《しんぽ》して新しい機械《きかい》が発明《はつめい》さ

【注釈】

新しい機械《きかい》の発明《はつめい》　一七六五年、イギリスのワットが蒸気機関《じょうききかん》を改良《かいりょう》しましたが、そのころ、紡績《ぼうせき》機械《きかい》の発明がさかんにおこなわれ、これまで手で糸をつむいだり織ったりしていたのをぜんぶ機械でするようになりました。その紡績機械を動かすのに、蒸気の力を使うようになったので、人間の力にかわって機械の力で品ものがつくられることになりました。

その原料《げんりょう》や製品《せいひん》をはこぶために交通機関《こうつうきかん》が発達《はったつ》し

れ、人間の手にかわって機械《きかい》が物を生産《せいさん》するようになり、大工場《だいこうじょう》ができて産業《さんぎょう》のようすがすっかりかわりました。このことを**産業革命《さんぎょうかくめい》**といいます。汽車《きしゃ》や汽船《きせん》もこのころに発明《はつめい》されたのです。

イギリスをはじめヨーロッパの国々《くにぐに》の産業《さんぎょう》はめざましい発達《はったつ》をしましたので、その品物《しなもの》を売《う》ったり、原料《げんりょう》を手に入れる場所《ばしょ》をアジアにもとめようとしました。イギリスは十九世紀《せいき》の中ごろインドを完全《かんぜん》に自分《じぶん》のものとし、中国《ちゅうごく》にも手をのばしてきました。ロシアやアメリカも北と南からアジアにせまってきました。

黒船《くろふね》　日本には、十八世紀《せいき》の終《お》わりにロシアが北海道《ほっかいどう》の近《きん》海《かい》にあらわれ、イギリスの船《ふね》は長崎《ながさき》に来《き》て、それぞれ日本

ました。一八〇七年フルトンが汽船を発明。一八一四年スティーブンソンが蒸気機関車《きかんしゃ》を発明しました。

産業革命《さんぎょうかくめい》のえいきょう

①機械《きかい》でたくさんの品物《しなもの》が一時にでき、安《やす》くつくられるようになりました。

②そのために自分の国だけでは品物があまるので工場《こうじょう》のおくれている国にこれを売らなければならなくなり、また、原料《げんりょう》もたくさん必要《ひつよう》になって国内《こくない》だけでは足《た》りないので海外《かいがい》から輸《ゆ》

ペリー浦賀に来る

との貿易《ぼうえき》をもとめましたが、幕府《ばくふ》は、ゆるしませんでした。日本のまわりにしきりに外国船《がいこくせん》があらわれだすと、幕《ばく》府《ふ》は外国船《がいこくせん》の打《う》ちはらいの命《めい》令《れい》をだしました。十九世紀《せいき》の中ごろイギリスが中国《ちゅうごく》に戦《たたか》いをしかけたとき、オランダは幕府《ばくふ》に鎖国《さこく》をやめるようにすすめましたが、幕府《ばくふ》は聞《き》きませんでした。ところが、一八五三年（嘉永《かえい》六年）六月、突《とつ》然《ぜん》、江戸《えど》に近《ちか》い浦賀《うらが》の沖《おき》に四

入《にゅう》する必要《ひつよう》がおこってきました。

③そこで各国《かっこく》は品物を売ったり、原料をとるために植民地《しょくみんち》（領土《りょうど》）を手に入れようとして競争《きょうそう》し、戦争《せんそう》のおこるもとになりました。

④工場を経営《けいえい》する資本家《しほんか》と労働者《ろうどうしゃ》の二つの階級《かいきゅう》ができて争《あらそ》うようになりました。

日米和親条約《わしんじょうやく》（一八五四年）全部で十二条からできていますが、おもな点は、下田《しもだ》、函館《はこだて》の二港を開く、漂流民があったら助けてやること、船

そうの**黒船**《くろふね》があらわれました。これはアメリカの極東艦隊《きょくとうかんたい》で、司令長官《しれいちょうかん》の**ペリー**が日本への使《つか》いとしてきたのです。幕府《ばくふ》の役人《やくにん》や民衆《みんしゅう》の驚《おどろ》きは大へんでした。ペリーはアメリカと交《まじ》わることを、幕府《ばくふ》に強くもとめました。幕府《ばくふ》はしかたなくその翌年《よくねん》アメリカと条約《じょうやく》を結《むす》び、下田《しもだ》・函館《はこだて》の二つの港《みなと》を開《ひら》き、燃料《ねんりょう》や食料《しょくりょう》をあたえる約束《やくそく》をしました。

この後、幕府《ばくふ》はロシア、イギリス、オランダとも同じような約束《やくそく》を結《むす》びました。これを**和親条約**《わしんじょうやく》といいます。

開国《かいこく》　鎖国《さこく》は二百年以上《いじょう》もつづいていたので、世界《せかい》のようすを知《し》らない国内《こくない》の人々は、国を開《ひら》くことに反対《はんたい》しました。幕府《ばくふ》はこの反対《はんたい》をおさえる力もなく、開国《かいこく》を決心《けっしん》することもできず、天皇《てんのう》のご決心《けっしん》をききましたが、開国《かいこく》のゆる

に必要《ひつよう》な水や燃料《ねんりょう》を供給《きょうきゅう》する、開港場《かいこうじょう》に外国人の徒歩区域《とほくいき》をきめることなどです。

日米通商条約《にちべいつうしょうじょうやく》（一八五八年）大老井伊直弼《たいろういいなおすけ》が総領《そうりょう》事《じ》ハリスとの間に結んだ貿易《ぼうえき》に関する条約《じょうやく》です。主《おも》なことは、日本に外《がい》交官《こうかん》をおくこと、函館《はこだて》、横浜《よこはま》、長崎《ながさき》、新潟《にいがた》、兵庫《ひょうご》の港を開く、日本に来たアメリカ人を保護《ほご》するなどです。大切なことは、輸入品《ゆにゅうひん》に自由に税金をかけることができない点や、日本で罪《つみ》を犯《おか》した外国人を日本が裁判《さいばん》する権利《けんり》が

しはでませんでした。

アメリカからきていた総領事《そうりょうじ》の**ハリス**はしきりに開国《かいこく》をすすめます。そこで幕府《ばくふ》の大老《だいろう》になった**井伊直弼**《いいなおすけ》は、ついにアメリカと貿易《ぼうえき》する約束をしました。イギリス、オランダ、フランス、ロシアなどとも同じ約束《やくそく》をしました。これは一八五八年のことで、このために井伊直弼《いいなおすけ》は開国《かいこく》に反対《はんたい》する武士《ぶし》たちに殺《ころ》されました。

貿易《ぼうえき》がはじまると、国内《こくない》の品物《しなもの》がすくなくなったうえに、よい金貨《きんか》が外国《がいこく》に流《なが》れ出《で》て物のねだんが高くなり、世の中はいっそうさわがしくなり、貿易《ぼうえき》をはじめた幕府《ばくふ》をうらみ、幕府《ばくふ》をたおして天皇《てんのう》の政治《せいじ》をのぞむものがしだいにふえてきました。

ないことで、大変不平等《ふびょうどう》な条約《じょうやく》なのです。不平等《ふびょうどう》条約《じょうやく》ともいわれます。

二二　江戸《えど》幕府《ばくふ》の終《おわ》り

下関砲台が英軍に攻められる

幕府《ばくふ》の力弱《よわ》まる

このころしだいに勢《いきお》いをましてきたのは長州藩《ちょうしゅうはん》や薩摩藩《さつまはん》などです。これらの藩《はん》の人々の間では将軍《しょうぐん》による政治《せいじ》をやめて天皇《てんのう》を中心《ちゅうしん》にした政治《せいじ》にし、日本をたてなおそうとする運動《うんどう》がさかんになりました。

これらの人々は、はじめ外国船《がいこくせん》を打《う》ちはらおうとしまし

【注釈】

外国とのあらそい　幕府《ばくふ》が諸外国と条約《じょうやく》をむすぶと、幕府や外国に反感《はんかん》をもつ藩《はん》と外国との間にあらそいがおこりました。その一つは**生麦事件**《なまむぎじけん》です。神奈川《かながわ》に近い生麦《なまむぎ》で薩摩藩《さつまはん》の行列《ぎょうれつ》をよこぎったイギリス人を藩士《はんし》がころしたのです。幕府はばい償金《しょうきん》をだしてあやまりましたが、薩摩藩《さつまはん》は鹿児島湾《かごしまわん》に英艦隊《えいかんたい》をむかえうちました。どちらも大きな損害《そんがい》をうけましたが、薩摩藩《さつまはん》もついに近代軍備《ぐんび》の英国にあやまったので

たが、外国《がいこく》の軍隊《ぐんたい》の手《て》ごわいことを知《し》って、かえって外国《がいこく》と交《まじ》わって、そのすぐれた武器《ぶき》を買《か》い入れて強《つよ》い軍隊《ぐんたい》をつくろうとしました。

その後《のち》、幕府《ばくふ》は、長州藩《ちょうしゅうはん》が幕府《ばくふ》をたおそうとしたり、勝《かっ》手《て》なことをするので、長州征伐《ちょうしゅうせいばつ》の軍隊《ぐんたい》をだしましたが、反対《はんたい》に幕府《ばくふ》の軍隊《ぐんたい》が敗《やぶ》れました。このため幕府《ばくふ》の力の弱《よわ》いことがはっきりとして大名《だいみょう》たちをおさえる力もなくなり、また物《もの》のねだんの高くなるのをふせぐ政治上《せいじ》の力もなくなりました。

大久保利通

そこで身分《みぶん》の低《ひく》い武士《ぶし》をはじめ民衆《みんしゅう》は、いよいよ幕《ばく》

す。もう一つは、長州藩《ちょうしゅうはん》が下関海峡《しものせきかいきょう》を通る米《べい》、蘭《らん》、仏《ふつ》の軍艦《ぐんかん》に砲撃《ほうげき》をくわえました。そこで英《えい》、仏《ふつ》、米《べい》、蘭《らん》は連合《れんごう》して**下関《しものせき》砲台《ほうだい》を攻撃《こうげき》**しこれを占領《せんりょう》しましたので、長州藩《ちょうしゅうはん》も降伏《こうふく》しました。いずれも一八六二年から四年にかけての出来事で、これによって外国をうしはらおうとする考えの人々（**攘《じょう》夷論者《いろんじゃ》**）に新しい目が開かれたようです。

府《ふ》の政治《せいじ》に反対《はんたい》しました。特《とく》に薩摩藩《さつまはん》の**西郷隆盛**《さいごうたかもり》や**大久保**《おおくぼ》**利通**《としみち》、長州藩《ちょうしゅうはん》の**木戸孝允**《きどたかよし》などを中心《ちゅうしん》とした身分《みぶん》の低《ひく》い武士《ぶし》たちは、幕府《ばくふ》をたおしてくらしよい世の中にしようと熱心《ねっしん》に運動《うんどう》をつづけました。

王政復古《おうせいふっこ》　こうした世の中の動《うご》きにどうすることもできなくなった幕府《ばくふ》は一八六七年、ときの将軍《しょうぐん》**徳川慶喜**《とくがわよしのぶ》から政《せい》権《けん》を天皇《てんのう》にかえしました。天皇《てんのう》はこれを受《う》け入れて、むかしのように天皇《てんのう》を中心《ちゅうしん》とした政治《せいじ》をはじめるという知《し》らせをだしました。

このようにして二百六十年あまりも続《つづ》いた徳川氏《とくがわし》の江戸《えど》幕府《ばくふ》もとうとうたおれました。源頼朝《みなもとのよりとも》が鎌倉《かまくら》に幕府《ばくふ》を開《ひら》いてから六七六年も続《つづ》いた武家《ぶけ》の政治《せいじ》もここに終《おわ》りをつげた

徳　川　慶　喜

大政奉還《たいせいほうかん》（一八六七年）
徳川慶喜《とくがわよしのぶ》は水戸藩《みとはん》の出で、もとから天皇が政治《せいじ》をされることをのぞんでいた人でした。前の将軍家茂《しょうぐんいえもち》が死んで将軍家《しょうぐんけ》をついだのですが土佐藩主山内豊《とさはんしゅやまのうちとよ》信《しげ》のすすめで政治《せいじ》を天皇にかえしました。
これをよろこばない幕府《ばくふ》の家来《けらい》たちは江戸の上野で天皇方の軍隊《ぐんたい》と戦《たたか》ってやぶれ、北海道の函館《はこだて》に

わけです。

長いあいだの武家政治《ぶけせいじ》が終《おわ》って、新しい政治《せいじ》がはじまったのですから、新しい政治《せいじ》に反対《はんたい》し、これまでの幕府《ばくふ》の政《せい》治《じ》をなつかしむ人々も多くありました。そしてこれらの人々は新しい政治《せいじ》に反対《はんたい》する乱《らん》を起《おこ》しましたが、薩摩藩《さつまはん》や長州藩《ちょうしゅうはん》を中心《ちゅうしん》とした軍隊《ぐんたい》によって破《やぶ》られ、間もなく日本全《ぜん》国《こく》が天皇《てんのう》を中心《ちゅうしん》とする新政府《しんせいふ》のもとに統一《とういつ》されました。

こもって戦《たたか》いましたがこれも失敗《しっぱい》しました。東北《とうほく》の藩も天皇方に手むかいましたが、これも薩摩《さつま》などの軍隊《ぐんたい》のためにやぶられました。

二三　明治維新《めいじいしん》

明治維新《めいじいしん》　全国《ぜんこく》が新政府《しんせいふ》によって統一《とういつ》されたので、一八六八年、新政府《しんせいふ》は**五《ご》カ条《じょう》の御誓文《ごせいもん》**を発表《はっぴょう》して、新しい政治《せいじ》の方針《ほうしん》をあきらかにしました。

五カ条の御誓文の発布

それは政治《せいじ》は国民《こくみん》の意見《いけん》によってきめること、世界《せかい》の国々《くにぐに》と交《まじ》わり、すぐれた知識《ちしき》を取《と》り入れることなどでした。

新政府《しんせいふ》は、その後都《ごみやこ》を江戸《えど》に移《うつ》して東京《とうきょう》と改《あらた》め、また年《ねん》号《ごう》も**明治《めいじ》**とかえました。

いよいよ天皇《てんのう》を中心《ちゅうしん》とする

【注釈】

五《ご》カ条《じょう》の御誓文《ごせいもん》

一、広ク会議ヲ興《オコ》シ万機《バンキ》公論《コウロン》ニ決スベシ

一、上下《ショウカ》心ヲ一ニシテ盛ニ経綸《ケイリン》ヲ行フベシ

一、官武《カンブ》一途《イット》庶民《ショミン》ニ至ルマデ各其志《オオソノココロザシ》ヲトゲ人心ヲシテ倦《ウ》マザラシメン事ヲ要ス

一、旧来《キュウライ》ノ陋習《ロウシュウ》ヲ破《ヤブ》リ天地ノ公道ニ基《モトヅ》クベシ

一、知識《チシキ》ヲ世界ニ求メ大《オオイ》ニ皇基《コウキ》ヲ振起《シンキ》スベシ

新しい政治《せいじ》がはじまりましたが、むかしのような摂政関白《せっしょうかんぱく》による古《ふる》い政治《せいじ》ではなく、まったく新しいしくみによる政治《せいじ》をめざしました。ですから、長い間、国民《こくみん》をしばっていた封建的《ほうけんてき》な社会《しゃかい》のならわしもとりのぞこうとしました。この改革《かいかく》を**明治維新《めいじいしん》**といいます。

新しい統一《とういつ》　幕府《ばくふ》はなくなりましたが、藩《はん》はもとのままで大名《だいみょう》が政治《せいじ》をしていては、新しい政府《せいふ》の命令《めいれい》は国のすみずみまで行きわたらず、世の中はあらたまりません。そこで、一八六九年（明治二年）大名《だいみょう》に土地《とち》と人民《じんみん》を天皇《てんのう》にさしだせました。これを**版籍奉還《はんせきほうかん》**といいます。

そして、一八七一年（明治四年）には藩《はん》をなくして県《けん》をおき県知事《けんちじ》に新しい役人《やくにん》を政府《せいふ》が任命《にんめい》しました（**廃藩置《はいはんち》**

版籍奉還《はんせきほうかん》（一八六九年）
版《はん》は土地、籍《せき》は戸籍《こせき》で人民んことで、これを天皇にかえすことです。これを土佐《とさ》の藩主山内豊信《はんしゅやまのうちとよしげ》がすすめておこないました。

廃藩置県《はいはんちけん》（一八七一年）
版籍奉還《はんせきほうかん》により、政府は旧藩主を知藩事に任命してそのままおさめさせたので、名前だけが変わって、実際はほとんど変わりませんでした。
そこで一八七一年に藩を廃止して、県を置きました。全国を三府七二県とし、中央の役人があらたに知事として任命されま

県《けん》）。こうしてようやく全国《ぜんこく》の政治的《せいじてき》な統一《とういつ》が完成《かんせい》しました。

次《つぎ》に新政府《しんせいふ》は身分《みぶん》のきまりをなくしました。武士《ぶし》が百姓《ひゃくしょう》や町人《ちょうにん》の上に立っていた封建的《ほうけんてき》な身分制度《みぶんせいど》をやめ、国民《こくみん》はだれもが同じ権利《けんり》をもつことにしました。また、国民《こくみん》は一人一人が姓《せい》をもち、自分《じぶん》のすきな職業《しょくぎょう》をえらぶことができるようになって、封建社会《ほうけんしゃかい》の悪《わる》いならわしは改《あらた》められました。しかし身分制度《みぶんせいど》はきびしくありませんでしたが、形《かたち》をかえて長く残《のこ》りました。

新政府《しんせいふ》の政策《せいさく》　これまで収穫高《しゅうかくだか》をもとにして米でおさめていた土地《とち》の税金《ぜいきん》を改《あらた》めて、土地《とち》のねだんをきめ、そのねだんにしたがって税《ぜい》を現金《げんきん》でおさめることにしました。こ

した。今日の府や県は、一八九〇年（明治二三年）にできたものです。

四民平等《しみんびょうどう》　これまでのきびしい身分にかえて、大名、公卿《くげ》を華族《かぞく》、武を士《し》族《ぞく》、農、工、商を平民とよぶ族称《ぞくしょう》をつくりました。そしてこれまでのような、ひどい差別《さべつ》はなくなりましたが、華族、士族には特権《とっけん》が残っていて完全な平等ではありませんでした。

の結果《けっか》、政府《せいふ》の財政《ざいせい》はしっかりしたものになりました。

さらに貨幣《かへい》の制度《せいど》をはっきりときめ、新しい貨幣《かへい》は円《えん》を単位《たんい》としてつくられました。郵便制度《ゆうびんせいど》もはっきりときめられ、通信《つうしん》の仕事《しごと》は国でやることになりました。また、関所《せきしょ》を取《と》りのぞいたり、川に橋《はし》をかけて交通《こうつう》を便利《べんり》にしました。一八七二年（明治五年）には東京と横浜《よこはま》の間に汽車《きしゃ》が通るようになりました。

新橋横浜間に汽車開通
東京汐留鉄道舘蒸汽車待合之図
歌川広重（三代）画

地租改正《ちそかいせい》（一八七二年）

新政府《しんせいふ》になってから全国《ぜんこく》の土地《とち》に対《たい》して税《ぜい》をかけることになりましたが、さいしょ米でおさめさせていました。

しかし、これでは地方によってまちまちで、豊作《ほうさく》や不作《ふさく》など、年によっても政府《せいふ》の収入《しゅうにゅう》がちがうので、政府《せいふ》の財政《ざいせい》が安定《あんてい》しません。

そこで全国《ぜんこく》の土地《とち》のねだんをきめ、その三%を現金《げんきん》でおさめるようにしました。これで政府の収入《しゅうにゅう》がはっきりときまったので、新政府《しんせいふ》はいろいろな仕事《しごと》ができ、きそがかた

富岡製糸工場

政府《せいふ》は産業《さんぎょう》をさかんにして国をゆたかにするために、外国《がいこく》から機械《きかい》を買《か》い入れ、技師《ぎし》をやとい工業《こうぎょう》の発《はっ》展《てん》につとめました。鉱山《こうざん》や製糸《せいし》・紡績《ぼうせき》の事業《じぎょう》には政府《せいふ》の建《た》てた工場《こうじょう》ができました。貿易《ぼうえき》もさかんになって、生糸《きいと》や茶を輸出《ゆしゅつ》し、綿《わた》や鉄《てつ》など産業《さんぎょう》に必要《ひつよう》な原料《げんりょう》を輸入《ゆにゅう》しました。

まりました。

しかし、この税《ぜい》は地主《じぬし》がはらうかわり、地主《じぬし》は小作人《こさくにん》から高い小作料《こさくりょう》をとったので、小作人《こさくにん》の苦しみはかわりませんでした。

二三　文明開化《ぶんめいかいか》の世《よ》の中

新日本《しんにほん》の進《すす》むみち　新政府《しんせいふ》が新しい日本をきずくねらいとしたものは、**富国強兵《ふこくきょうへい》**と**殖産興業《しょくさんこうぎょう》**の二つでした。それは産業《さんぎょう》をさかんにして国をゆたかにし、強い軍隊《ぐんたい》をもつことです。そうして外国《がいこく》からおびやかされない、りっぱな独立国《どくりつこく》にしたいと考《かんが》えていました。

そこで政府《せいふ》は一八七三年（明治六年）国民《こくみん》がみんな兵士《へいし》になるような**徴兵令《ちょうへいれい》**を出しました。そして、その軍隊《ぐんたい》を外国式《がいこくしき》にくんれんしました。また、進《すす》んだ外国《がいこく》の文化《ぶんか》に一日も早《はや》くおいつくには国民《こくみん》の教育《きょういく》が大切《たいせつ》です。そこで国民《こくみん》全部《ぜんぶ》が教育《きょういく》をうけるよう小学校が全国《ぜんこく》にたてられました。さらに中学校から大学までの各種《かくしゅ》の学校《がっこう》をつくるなど、教《きょう》

【注釈】

教育制度《きょういくせいど》　新政府《しんせいふ》は、新《あら》たに一八七二年（明治五年）に小学校を全国に設けました。一八八六年（明治一九年）には小学校四年までを義務教育《ぎむきょういく》とし、やがて一九〇七年（明治四〇年）には義務教育《ぎむきょういく》は小学校六年までとなりました。こうして明治の末には全国児童《ぜんこくじどう》の九八％が教育《きょういく》をうけるようになりました。

また、上級《じょうきゅう》の学校としては中学校、女学校、教員《きょういん》養成《ようせい》のための師範《しはん》学校がつくられました。

文明開化

東京開化名勝京橋石造銀座通り両側煉化石商家盛栄之図

歌川広重（三代）画

育《いく》の制度《せいど》がととのいました。

文明開化《ぶんめいかいか》　新しい政治《せいじ》が進《すす》むにつれて、世の中のようすもかわりました。ちょんまげをゆい、刀《かたな》をさして歩《ある》くものもなくなり、町もしだいに西《せい》洋風《ようふう》になりました。東京の銀座通《ぎんざどお》りには、れんがづくりの西洋館《せいようかん》が立ちならび、ガス灯《とう》が夜の町を

幕府の学問所をもとにして大学校が開かれました。これが東京大学のもとです。

民間では一八六七年、福《ふく》沢諭吉《ざわゆきち》が慶応義塾《けいおうぎじゅく》を、一八八二年大隈重信《おおくましげのぶ》が早稲《わせ》田《だ》大学のもとになった東《とう》京専門《きょうせんもん》学校を、一八七五年新島襄《にいじまじょう》が京都に同志社《どうししゃ》をたてました。

太陽暦《たいようれき》　一八七二年（明治五年）太陰暦《たいいんれき》（旧暦）にかわって太陽暦（新暦）が用いられました。一週七曜制もこのときはじまりました。

てらし、洋服《ようふく》をきる人もふえてきました。また、乗合馬車《のりあいばしゃ》や人力車《じんりきしゃ》が町を走《はし》りはじました。

このように、外国《がいこく》の文明《ぶんめい》を取《と》り入れて、人々の考《かんが》え方や生活《せいかつ》がひらけていくことを**文明開化**《ぶんめいかいか》といいます。

学習することがら

1. 新政府はどんなことをねらいとして日本をたてなおしましたか。
2. 文明開化で世の中はどのようにかわりましたか。

二四　議会政治《ぎかいせいじ》はじまる

政府《せいふ》への不満《ふまん》　新政府《しんせいふ》が新しい目標《もくひょう》にむかって力づよく政治《せいじ》をおし進《すす》めていきますと、政府《せいふ》に対《たい》して、不満《ふまん》な人々があらわれてきました。それは、政府《せいふ》の政策《せいさく》に反対《はんたい》する人々、新政府《しんせいふ》の重要《じゅうよう》な役《やく》につけなかったもの、職《しょく》を失《うしな》った武士《ぶし》たち、また、働《はたら》き手を兵隊《へいたい》にとられた農民《のうみん》たちでした。ことに政府《せいふ》の政策《せいさく》に反対《はんたい》するもと

自由民権運動

【注釈】

西南戦争《せいなんせんそう》　明治六年に朝鮮のことで意見が対立《たいりつ》した西郷隆盛《さいごうたかもり》たちは政府をさって国にかえりまいた。明治七年から九年にかけて、その人たちや各地の不平の人々が反乱《はんらん》をおこしました。隆盛《たかもり》は鹿児島《かごしま》で塾《じゅく》をつくって青年の教育をしていましたが、明治十年についにこれらの青年におしたてられて反乱《はんらん》の大将になり、一時は熊本まで攻めいり八か月にわたって政府軍《せいふぐん》と戦《たたか》いましたが、ついに敗《やぶ》れました。

の武士《ぶし》たちは、あちらこちらでさわぎをおこしました。

これらのさわぎの中で一ばん大きかったのが、**西南戦争《せいなんせんそう》**です。これは一八七七年（明治十年）西郷隆盛《さいごうたかもり》を中心とする若《わか》い武士《ぶし》たちが、鹿児島《かごしま》でおこした反乱《はんらん》でしたが、政府《せいふ》は徴兵令《ちょうへいれい》で新しく養成《ようせい》した軍隊《ぐんたい》を送って、これをじずめました。この後、政府《せいふ》は、政府《せいふ》の政治《せいじ》のしかたに対《たい》する国民《こくみん》の意見《いけん》をきびしく取《と》りしまりましたが、国民《こくみん》の不《ふ》満《まん》はなくなりませんでした。

福沢諭吉

自由《じゆう》のさけび　新しい政《せい》治《じ》がはじまったころ、外《がい》

徴兵令《ちょうへいれい》（一八七三年）今までの武士にかわって男子が二十歳になると、検《けん》査《さ》をうけて、兵役《へいえき》につく徴兵令《ちょうへいれい》がしかれました。こうして国民皆兵《こくみんかいへい》のしくみができあがりました。

福沢諭吉《ふくざわゆきち》（一八三四年—一九〇一）大分県中津藩の下級武士。長崎でオランダの学問《がくもん》を学び、緒方《おがた》洪庵《こうあん》の弟子《でし》となりました。アメリカにも三度ゆき、慶応義塾《けいおうぎじゅく》をたてたことと、ヨーロッパの民主《みんしゅ》主義《しゅぎ》の考えを紹介《しょうかい》したことは有名《ゆうめい》です。「学問のすすめ」という本の、「天は国《こく》のようすをよく研究《けんきゅう》して、その進《すす》んだ民主主義《みんしゅしゅぎ》の思想《しそう》を伝《つた》え、四民平等《しみんびょうどう》の考えや**自由民権**《じゆうみんけん》の思想《しそう》をとなえる人々があらわれました。なかでも福沢諭吉《ふくざわゆきち》は一ばん有名《ゆうめい》でした。

そこで、政府《せいふ》の勝手《かって》な政治《せいじ》のしかたに反対《はんたい》するたくさんの人々は、この考えに賛成《さんせい》して民主主義《みんしゅしゅぎ》の政治《せいじ》をするように政府《せいふ》にもとめました。一八七四年（明治七年）**板垣退助**《いたがきたいすけ》らは議会《ぎかい》を開《ひら》いて国民《こくみん》がえらんだ代表《だいひょう》によって政治《せいじ》をせよという意見《いけん》を政府《せいふ》に出しました。政府《せいふ》はかえって、この運動《うんどう》を取《と》りしまろうとしましたが、議会《ぎかい》の開催《かいさい》をもとめる自由民権《じゆうみんけん》の運動《うんどう》は全国《ぜんこく》にひろまり、政府《せいふ》もそのこえに耳《みみ》をかたむけるようになりました。

憲法《けんぽう》**と議会**《ぎかい》　そこで政府《せいふ》は一八八一年（明治十四年）十

人の上に人をつくらず…」の平等《びょうどう》の考えは、大きな影響《えいきょう》をあたえました。

伊藤博文《いとうひろぶみ》（一八四一—一九〇九）長州藩士《ちょうしゅうはんし》。早くから英国《イギリス》に行って学び、しだいに明治の中心政治《せいじ》家《か》になりました。すなわち帝国憲法《ていこくけんぽう》の草稿《そうこう》をつくり、明治十八年には初代の内閣総理《ないかくそうり》大臣になりました。日清戦争《にっしんせんそう》には日本の代表《だいひょう》として講和条約《こうわじょうやく》をむすび、日露《にちろ》戦争が終ると初代の韓国統監《かんこくとうかん》として日韓併合《にっかんへいごう》に努力《どりょく》しました。そのため明治四十二年ハルピン駅頭《えきとう》で朝鮮人《ちょうせんじん》のた

年後に議会《ぎかい》を開《ひら》くことを、国民《こくみん》に約束《やくそく》しました。そして**伊藤博文**《いとうひろぶみ》をヨーロッパにつかわして、各国《かっこく》の憲法《けんぽう》を調べさせたのち、憲法《けんぽう》をつくる準備《じゅんび》をさせました。

国民《こくみん》の間でも板垣退助《いたがきたいすけ》は自《じ》由党《ゆうとう》、**大隈重信**《おおくましげのぶ》は改進党《かいしんとう》をつくって、政府《せいふ》の政策《せいさく》をひ

帝国議会がはじまる

はんし、議会《ぎかい》が開《ひら》かれるのにそなえました。

その後、内閣《ないかく》の制度《せいど》ができ、内閣総理大臣《ないかくそうりだいじん》が政治《せいじ》をし、各大臣《かくだいじん》がそれぞれの仕事《しごと》についてそれを助《たす》けるきまりもで

めにピストルでうたれてその生涯《しょうがい》を終ったのです。

伊藤博文

帝国議会《ていこくぎかい》　衆議院《しゅうぎいん》と貴族《きぞく》院《いん》の二つからなっていました。

衆議院　満《まん》二十五歳以上の男子で直接国税《ちょくせつこくぜい》十五円以上をおさめているものにかぎって選挙権《せんきょけん》があたえられていました。これ

きました。地方《ちほう》の自治制《じちせい》もしかれ、中央《ちゅうおう》と地方《ちほう》の政治《せいじ》のしくみがやっと近代的《きんだいてき》にととのいました。

その後一八八九年（明治二十二年）**大日本帝国憲法《だいにほんていこくけんぽう》**が発布《はっぷ》され、翌年《よくねん》の一八九〇年（明治二十三年）にはこの憲法《けんぽう》にもとづいて第一回の**帝国議会《ていこくぎかい》**が開《ひら》かれました。

憲法《けんぽう》とは、近代国家《きんだいこっか》がそれにもとづいて法律《ほうりつ》や命令《めいれい》を出し、政治《せいじ》をおこなっていく最高《さいこう》の国法《こくほう》ですが、この憲法《けんぽう》は天皇《てんのう》の意志《いし》によってつくられ、国の大切《たいせつ》なことは天皇《てんのう》がきめるしくみになっていました。議会《ぎかい》も、えらばれた議員《ぎいん》は少数《しょうすう》の国民《こくみん》を代表《だいひょう》するに過《す》ぎませんでした。しかし、憲法《けんぽう》ができ、議会《ぎかい》が開《ひら》かれて、日本は近代国家《きんだいこっか》へと大きくあゆみはじめました。

は国民の一%にすぎませんでした。

貴族院 華族《かぞく》を中心にして皇族《こうぞく》や、大地主《おおじぬし》、大金《おおかね》持《もち》の代表《だいひょう》などがえらばれ、衆議院《しゅうぎいん》とおなじ力をもっていました。

二五　日清《にっしん》・日露《にちろ》の戦《たたか》い

朝鮮《ちょうせん》との関係　新政府《しんせいふ》は世界《せかい》の国々《くにぐに》と交《まじ》わり、そのすぐれた文化《ぶんか》を取《と》り入れるのにつとめましたが、朝鮮《ちょうせん》は大《おお》むかしから関係《かんけい》の深《ふか》い国なので、あらためて交《まじ》わりを求《もと》めました。しかし、朝鮮《ちょうせん》はそれをきき入れませんでした。やっと一八七六年（明治九年）に条約《じょうやく》がむすばれ、貿易《ぼうえき》もはじまり、日本の品物《しなもの》が朝鮮《ちょうせん》にはいっていくようになりました。

日清戦争《にっしんせんそう》　清国《しんこく》は朝鮮《ちょうせん》を属国《ぞっこく》と考《かんが》えていたので、日本との貿易《ぼうえき》がさかんになり、日本の力が朝鮮《ちょうせん》にのびていくことをおもしろく思いません。たまたま朝鮮《ちょうせん》に内乱《ないらん》がおきたので、清国《しんこく》は軍隊《ぐんたい》を朝鮮《ちょうせん》に送りました。これがきっかけに

【注釈】

明治《めいじ》の貿易《ぼうえき》

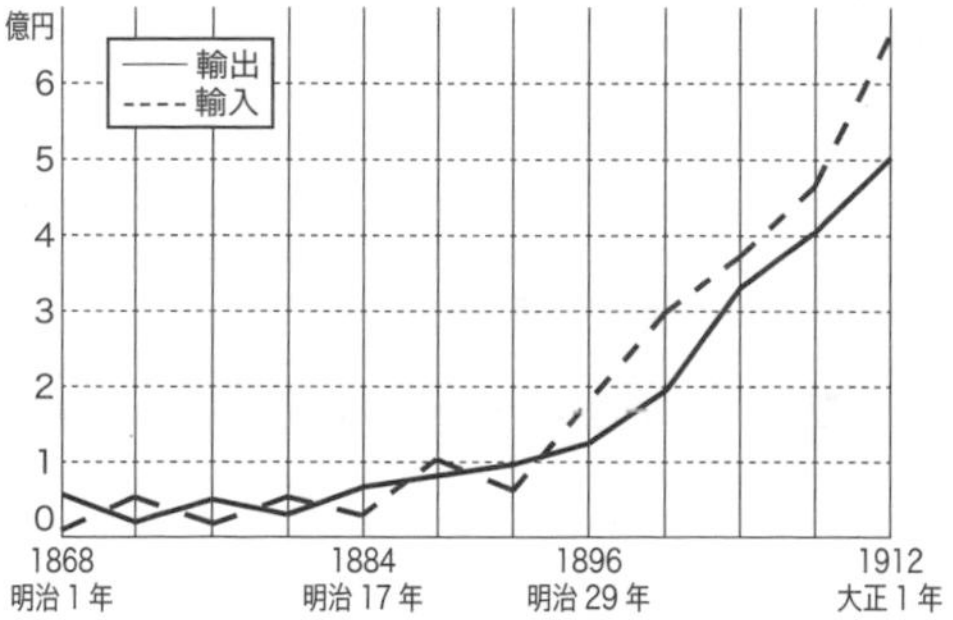

最初《さいしょ》は、貿易《ぼうえき》も外国人《がいこくじん》の商人《しょうにん》の手でおこなわれ、また日本の産業《さんぎょう》も発達《はったつ》していませんでしたから貿《ぼう》

なって一八九四年（明治二十七年）、日本と清国《しんこく》との間に戦《たたか》いがはじまりました。

清国《しんこく》はアジア第一の大国《たいこく》でしたから、日本の運命《うんめい》をかけた大戦争《だいせんそう》でした。議会《ぎかい》は政府《せいふ》と争《あらそ》うのをやめ、政府《せいふ》や軍隊《ぐんたい》をおうえんしました。日本の軍隊《ぐんたい》は清国軍《しんこくぐん》を破《やぶ》り、満州《まんしゅう》にまで攻《せ》め入りました。そこで清国《しんこく》は降伏《こうふく》して、翌年《よくねん》に下関《しものせき》で講和条約《こうわじょうやく》が結《むす》ばれました。

講和条約《こうわじょうやく》では、清国《しんこく》は朝鮮《ちょうせん》を独立国《どくりつこく》としてみとめ、遼東《りょうとう》半島《はんとう》と**台湾**《たいわん》をわが国にゆずり、賠償金《ばいしょうきん》をはらうことを約束《やくそく》しました。しかし、遼東半島《りょうとうはんとう》については、ロシア、フランス、ドイツの反対《はんたい》にあい、涙《なみだ》をのんで清国《しんこく》にかえしました。（三国干渉《さんごくかんしょう》）

易《えき》もふるいませんでした。明治十年ごろになると、日本人がじぶんで貿易《ぼうえき》するようになり産業《さんぎょう》もだんだん発達《はったつ》して貿易《ぼうえき》ものびてきました。

輸出は生糸《きいと》が第一で茶、陶器《とうき》、漆器《しっき》、銅などです。輸入は綿花《めんか》、綿糸《めんし》、綿織《めんおり》物《もの》などがおもです。

明治二十九年に急に貿易《ぼうえき》は大きくのびました。これは、日清戦争《にっしんせんそう》以後、朝《ちょう》鮮《せん》や中国《ちゅうごく》に、どんどん品《しな》物《もの》が輸出されるようになったからです。そして綿糸《めんし》や綿織物《めんおりもの》も、日本から輸出されるようになりました。日本の工業が発《はっ》

しかし、この戦争《せんそう》の結果《けっか》、朝鮮《ちょうせん》にかんしては貿易《ぼうえき》だけでなく、政治《せいじ》についても大きな力をもち、日本の国力《こくりょく》が世界《せかい》にもとめられるようになりました。

条約改正《じょうやくかいせい》　徳川幕府《とくがわばくふ》が外国《がいこく》と結《むす》んでいた条約《じょうやく》は、日本にとって大へん不利《ふり》なものでした。新政府《しんせいふ》はこの条約《じょうやく》をあらためるため、明治のはじめ**岩倉具視**《いわくらともみ》らをアメリカへつかわしましたが、国力《こくりょく》が弱《よわ》かったので目的《もくてき》をはたせませんでした。

そこで政府《せいふ》は日本を近代国家《きんだいこっか》にしあげるために憲法《けんぽう》をつくるなど、いろいろな法律《ほうりつ》をととのえ、条約改正《じょうやくかいせい》の交《こう》しょうをつづけてきました。その結果《けっか》、一八九四年（明治二十七年）、外務大臣《がいむだいじん》**陸奥宗光**《むつむねみつ》はイギリスとの条約《じょうやく》の改正《かいせい》にせいこうしました。その後ロシアとの戦《たたか》いに勝《か》ったので、日

達《たっ》してきたためです。そして次の条約改正《じょうやくかいせい》で貿易《ぼうえき》が有利《ゆうり》にできるようになると、さらに貿易《ぼうえき》は大発展《だいはってん》をしました。

条約改正《じょうやくかいせい》　陸奥宗光《むつむねみつ》はイギリスとこうしょうして、日本で罪《つみ》をおかした外国《がいこく》人《じん》は日本の裁判所《さいばんしょ》でさばくことができるように条《じょう》約《やく》を改《あらた》めました。これがもとになって他の国との条約《じょうやく》もあらたまりました。日露戦争《にちろせんそう》ののち、一九一一年（明治四十四年）日本に輸入される外国《がいこく》の商品に日本が自由《じゆう》に税《ぜい》をかけられるように改《あらた》められ、

本の力もみとめられ、すっかり不平等《ふびょうどう》な条約《じょうやく》をあらためることができました。

台湾総督　下関《しものせき》にて講和《こうわ》条約《じょうやく》が調印された後、日本は台湾を統治《とうじ》するための官庁《かんちょう》である台湾総督府《たいわんそうとくふ》を台北に設置《せっち》しました。日本による台湾統治は一八九五年から一九四五年の五十年間にわたり、その間に在任《ざいにん》した**台湾総督《たいわんそうとく》**は十九代におよびました。**台湾総督《たいわんそうとく》**は、軍事《ぐんじ》や行政《ぎょうせい》の統一的運用《とういつてきうんよう》をおこなうため、法律の効力《こうりょく》を有《ゆう》する命令（律令《りつれい》）を発《はっ》する権限《けんげん》があたえられました。そのほか、強力な治安政策《ちあんせいさく》をおこない、台湾に住む漢民族や原住民族《げんじゅうみんぞく》の抵抗をおさえて積《せっ》極的《きょくてき》に台湾統治を推進《すいしん》し、樟脳《しょうのう》・アヘン・タバコなどの専《せん》売《ばい》や、阿里山林業《りんぎょう》などの官営《かんえい》で大きな財政《ざいせい》収入をあげまし

これで外国《がいこく》と対等《たいとう》の条約《じょうやく》になりました。

日英同盟《にちえいどうめい》（一九〇二年）
三国干渉《さんごくかんしょう》の後、ロシアはますます満州《まんしゅう》に勢力《せいりょく》をのばし、日本との対立《たいりつ》がはげしくなってきました。またロシアは、インド方《ほう》面《めん》にも勢力《せいりょく》をのばし、イギリスと対立していました。そこで日本もイギリスも、中国《ちゅうごく》に多くの権利《けんり》をもち、ロシアの南下《なんか》は困《こま》るので、一九〇二年に、日本とイギリスは日英同盟《どうめい》を結《むす》びました。両《りょう》国《こく》のいずれかが他国《たこく》と戦《せん》争《そう》した時は、中立《ちゅうりつ》を守り、

た。しかし、一九四十五年（昭和二十年）に日本が敗戦したことにより台湾総督府《たいわんそうとくふ》は廃止《はいし》されました。

日露戦争《にちろせんそう》

日清戦争《にっしんせんそう》で清国《しんこく》が敗《やぶ》れると、諸外国《しょがいこく》はそれにつけこんで、清国《しんこく》から土地《とち》を借《か》りたり、いろいろな権利《けんり》をもらったりしました。

ことにロシアは旅順《りょじゅん》や大連《だいれん》を借《か》りうけてシベリアにつづく満州《まんしゅう》に進出《しんしゅつ》し、朝鮮《ちょうせん》にまで力をのばそうとしました。これは日本の安全《あんぜん》に害《がい》があるばかりでなく、ロシアがアジアに力をもつことはイギリスにも不利益《ふりえき》でしたので、日本はイギリスと同盟《どうめい》を結《むす》びました。そしてロシアの勢《いきお》いをくいとめようとしましたが、成功《せいこう》しませんでした。一九〇四年（明治三十七年）ついにロシアとの間に戦《たたか》いがはじまりま

二国以上と戦う時は、助《たす》け合うことにしました。

歴代台湾総督

第一代―樺山資紀《かばやますけのり》
第二代―桂太郎《かつらたろう》
第三代―乃木希典《のぎまれすけ》
第四代―兒玉源太郎《こだまげんたろう》
第五代―佐久間左馬太《さくまさまた》
第六代―安東貞美《あんどうさだよし》
第七代―明石元二郎《あかしもとじろう》
第八代―田健治郎《でんけんじろう》
第九代―内田嘉吉《うちだかきち》
第十代―伊澤多喜男《いざわたきお》
第十一代―上山満之進《かみやまみつのしん》
第十二代―川村竹治《かわむらたけじ》
第十三代―石塚英藏《いしづかえいぞう》
第十四代―太田政弘《おおたまさひろ》
第十五代―南弘《みなみひろし》

いた。世界《せかい》一の陸軍《りくぐん》国といわれた国を相手《あいて》に、戦争《せんそう》は有利《ゆうり》に進《すす》みましたが、二年目になると、日本もつかれてきました。ロシアも内乱《ないらん》がおきて戦争《せんそう》をつづけられなくなりました。そこでアメリカのあっせんで、ポーツマスで講和会議《こうわかいぎ》が開《ひら》かれました。その結果《けっか》、朝鮮《ちょうせん》に対《たい》する日本の特別《とくべつ》な立場《たちば》がみとめられ、ロシアのもっていた長春《ちょうしゅん》と旅順《りょじゅん》との間の鉄道《てつどう》、関東州《かんとうしゅう》の租借権《そしゃくけん》などが日本に

ポーツマス講和会議

第十六代―中川健藏《なかがわけんぞう》
第十七代―小林躋造《こばやしせいぞう》
第十八代―長谷川清《はせがわきよし》
第十九代―安藤利吉《あんどうりきち》

ポーツマス条約《じょうやく》（一九〇五年）日露戦争《にちろせんそう》のおわるころアメリカの大統領《だいとうりょう》ルーズベルトのあっせんで、アメリカのポーツマスで講和会議《こうわかいぎ》が開かれました。八月、日本からは外務大臣《がいむだいじん》小村寿太郎《こむらじゅたろう》、ロシアからは大蔵大臣《おおくらだいじん》ウイッテが出席《しゅっせき》して交しょうし、九月に講和《こうわ》がととのいました。
この講和《こうわ》に政府《せいふ》の人々は大へんまんぞくしました

ゆずられ、南樺太《みなみからふと》もロシアからもらいました。しかし、この戦争《せんそう》で多くの人の命《いのち》とお金《かね》が失《うしな》われました。

これで日本の国の力は一だんと強くなって、ロシアにかわって満州《まんしゅう》に進出《しんしゅつ》し、世界《せかい》の強国《きょうこく》の一つにかぞえられるようになりました。

また、これまでしだいに発達《はったつ》していたわが国の産業《さんぎょう》は、この二つの戦争《せんそう》で一だんと発達《はったつ》し、品物《しなもの》も一そう多く生産《せいさん》され、貿易《ぼうえき》はかっぱつになりました。とくに日露《にちろ》戦争《せんそう》後は、朝鮮《ちょうせん》、満州《まんしゅう》、中国《ちゅうごく》にまで日本の力がのび、産業《さんぎょう》は大発《だいはっ》展《てん》をしました。

これまで朝鮮《ちょうせん》は韓国《かんこく》とよばれていましたが、一九一〇年（明治四三年）日本に合《がっ》ぺいされ、日本の領土《りょうど》となりました。

が、戦争《せんそう》に勝《か》った、勝《か》ったと思っていた国民はまんぞくせず、反対《はんたい》して焼《や》き打《う》ち事件《じけん》さえおこり政府をこまらせました。

学習することがら

1. 日清日露の戦争はどのようにしておこりましたか。
2. この二つの戦争で日本の地位はどのようになりましたか。

二六　産業《さんぎょう》の発達《はったつ》と明治《めいじ》の文化《ぶんか》

産業《さんぎょう》の発達《はったつ》　新政府《しんせいふ》は先進国《せんしんこく》においつくために、富国強兵《ふこくきょうへい》の方針《ほうしん》をたてて、産業《さんぎょう》の発達《はったつ》に力を入れたので、紡績《ぼうせき》・製紙《せいし》・織物《おりもの》などの工業《こうぎょう》は、外国《がいこく》の機械《きかい》や技術《ぎじゅつ》を取《と》り入れて大へん発達《はったつ》しました。そしてその製品《せいひん》は朝鮮《ちょうせん》や清国《しんこく》に売《う》り出されるようになりました。

八幡製鉄所

一九〇一年（明治三十四年）に政府《せいふ》が八幡製鉄所《やはたせいてつじょ》をつくって鉄鋼《てっこう》の生産《せいさん》をはじめると、汽車《きしゃ》や汽船《きせん》や大き

【注釈】

日本の産業革命《さんぎょうかくめい》　明治になって日本の産業《さんぎょう》ははじめ新政府《しんせいふ》の政策《せいさく》で強くそだてられましたが、しだいに民間の産業《さんぎょう》が発達《はったつ》してきました。

これは明治二十年代の日清戦争前後のころで、軽工業を中心とした日本の**第一次産業革命**といわれます。

つづいて、明治三十年代日露戦争ごろには重工業中心の**第二次産業革命**がおこりました。八幡製作所もその一つです。

三井合名会社

な機械《きかい》などをつくる重工業《じゅうこうぎょう》や、軍事工業《ぐんじこうぎょう》がさかんになってきました。満州《まんしゅう》や中国《ちゅうごく》の鉄《てつ》や石炭《せきたん》はその原料《げんりょう》として必要《ひつよう》なものでした。

こうして新政府《しんせいふ》のねらいはだんだんと実《み》を結《むす》んでいきました。

資本《しほん》の力《ちから》　工業《こうぎょう》が発達《はったつ》すると、日本の経済《けいざい》のしくみもかわってきました。

明治のはじめまでは農業《のうぎょう》が経《けい》済《ざい》の中心《ちゅうしん》でしたが、それにか

日本の大資本家《だいしほんか》　江戸時代の大商人の一部や、明治のはじめにおこった岩《いわ》崎《さき》（三菱《みつびし》）などは、新政府の殖産興業《しょくさんこうぎょう》の政策《せいさく》で保《ほ》護《ご》をうけ、政府の工場《こうじょう》や船《ふね》などをはらいさげてもらったりして、しだいに大きな資本《しほん》をたくわえてきました。そしてその資《し》本《ほん》の力でいろいろな産業《さんぎょう》をその下にあつめて、ついには日本の経済《けいざい》を動《うご》かすほどになりました。これが財閥《ざいばつ》で、三井《みつい》、三菱《みつびし》、住友《すみとも》などが、その代表的《だいひょうてき》なものです。これらの財閥《ざいばつ》は親会社《おやがいしゃ》があって、その下にいろい

わって工業《こうぎょう》がしだいに重要《じゅうよう》になってきました。工業《こうぎょう》には多くの労力《ろうりょく》と資本《しほん》が必要《ひつよう》です。三井《みつい》や三菱《みつびし》などが大資本家《だいしほんか》として日本の産業《さんぎょう》を動《うご》かすほどの力をもってきたのもそのためです。

産業《さんぎょう》に必要《ひつよう》な資本《しほん》をととのえるのは銀行《ぎんこう》の仕事《しごと》です。銀行の中心《ちゅうしん》として一八八二年（明治十五年）に日本銀行《にほんぎんこう》がつくられました。

しかし、大資本《だいしほん》による工業《こうぎょう》が発達《はったつ》するにつれて、大きな問題《もんだい》がおこりました。資本家《しほんか》は利益《りえき》をあげるために、できるだけ安《やす》い賃金《ちんぎん》で働《はたら》く人を使《つか》おうとします。明治以後《めいじいご》農村の人々がふえたので資本家《しほんか》はこれらを人々を安《やす》く使《つか》うことができたのです。安《やす》い賃金《ちんぎん》と長時間《ちょうじかん》の労働《ろうどう》は働《はたら》く人の健康《けんこう》

ろの事業《じぎょう》をする会社（汽船、石炭《せきたん》その他の鉱山《こうざん》、化学工業《かがくこうぎょう》、商事会社《しょうじがいしゃ》、せんい工業《こうぎょう》、銀行《ぎんこう》）をしたがえて大きな経済力《けいざいりょく》をもち、日本の国内《こくない》だけでなく、朝鮮《ちょうせん》、中国《ちゅうごく》などにものりだして働《はたら》いていました。

戦後《せんご》の改革《かいかく》で、この財閥《ざいばつ》はばらばらに解散《かいさん》されました。しかし競争《きょうそう》がきびしくなると、おなじ仕事をする会社や、関係《かんけい》のある会社の間で、いっしょになったり強い関係を結んで、競争《きょうそう》に勝《か》っていこうとしてまた財閥《ざいばつ》ができます。

を害《がい》し生活《せいかつ》をまずしくして、その結果《けっか》は、不満《ふまん》をつのらせました。こうして働《はたら》く人々の組合運動《くみあいうんどう》がうまれ、大きな社《しゃ》会問題《かいもんだい》となって、人々の注意《ちゅうい》をひくようになりました。

明治《めいじ》の文化《ぶんか》　文明開化《ぶんめいかいか》のこえとともに、外国《がいこく》の進《すす》んだ文《ぶん》化《か》がさかんに取《と》り入れられ、また教育《きょういく》や学問《がくもん》もしだいにのびていきました。ことに新政府《しんせいふ》が力を入れた小学校教育《きょういく》は、広《ひろ》く国民《こくみん》の間にゆきわたりました。

また新政府《しんせいふ》は熱心《ねっしん》に外国《がいこく》のすぐれた学問《がくもん》を取《と》り入れることにつとめたので、物理学《ぶつりがく》、化学《かがく》、地質学《ちしつがく》、天文学《てんもんがく》などの自然科学《しぜんかがく》が非常《ひじょう》に発達《はったつ》し、なかでも医学《いがく》の進歩《しんぽ》はめざましく多くの学者《がくしゃ》が外国《がいこく》に留学《りゅうがく》し、世界的《せかいてき》な発明家《はつめいか》や発見者《はっけんしゃ》もあらわれました。**北里柴三郎《きたざとしばさぶろう》**や**野口英世《のぐちひでよ》**などは伝染病菌《でんせんびょうきん》の

北里柴三郎

細菌《さいきん》の発見者

北里柴三郎―ペスト菌《きん》の発見など

野口　英世―黄熱病《おうねつびょう》の研究など

明治時代の有名な文学者

坪内逍遥―小説神髄《しょうせつしんずい》

尾崎紅葉《おざきこうよう》―小説金色夜叉《こんじきやしゃ》

正岡子規《まさおかしき》―新しい和歌や俳句

森　鷗外―小説舞姫など

与謝野鉄幹《よさのてっかん》―詩集東西南北

与謝野晶子《よさのあきこ》―歌集みだれがみ

発見《はっけん》で有名《ゆうめい》です。

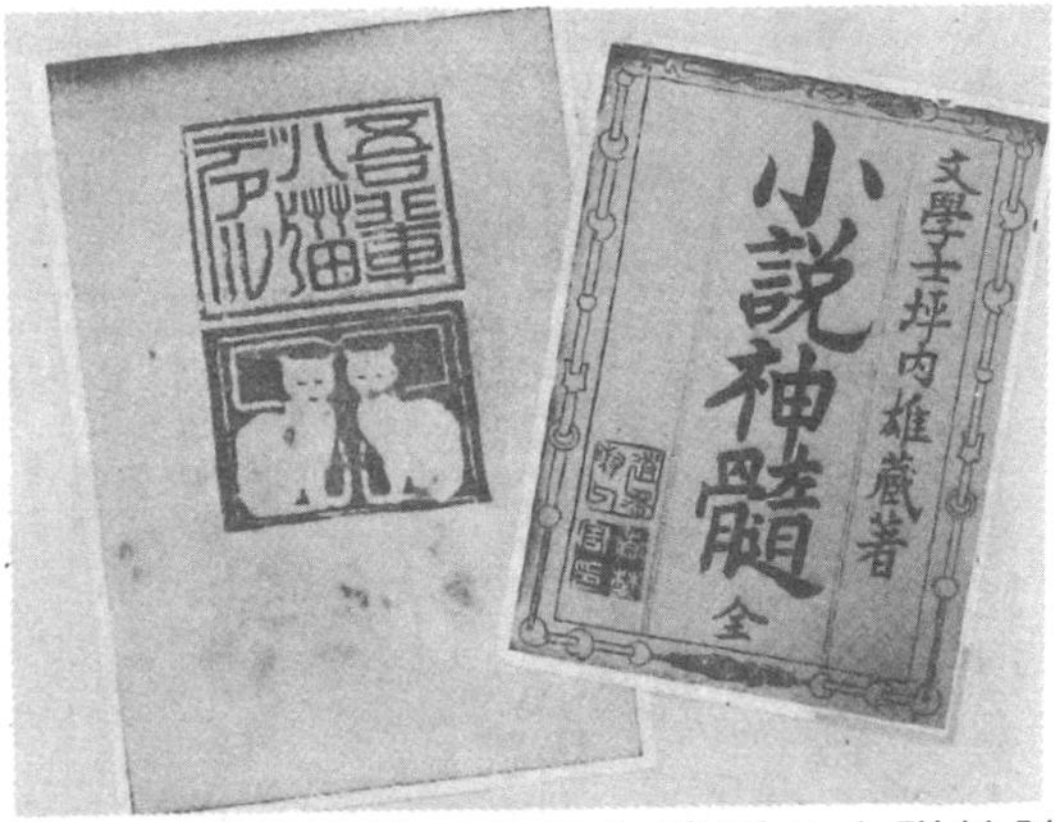

漱石の吾輩は猫であると逍遥の小説神髄

文学《ぶんがく》・美術《びじゅつ》もヨーロッパのえいきょうをうけて変わりました。文学《ぶんがく》では新しい運動《うんどう》がつぎつぎにうまれ、**坪内逍遥**《つぼうちしょうよう》、**夏目漱石**《なつめそうせき》、**島崎藤村**《しまざきとうそん》などがあらわれました。美術《びじゅつ》では**岡倉天心**《おかくらてんしん》が日本美術《びじゅつ》のすぐれていることを世界《せかい》に知《し》らせ、日本画では**狩野芳崖**《かのうほうがい》、西洋画《せいようが》では**黒田清輝**《くろだせいき》がりっぱな作品《さくひん》を残《のこ》しました。

樋口一葉《ひぐちいちよう》―小説たけくらべ
夏目漱石―小説坊《ぼっ》ちゃん
　　　　吾輩《わがはい》は猫《ねこ》である
島崎藤村―詩集　若菜集《わかなしゅう》

夏目漱石

二七　第一次世界大戦《だいいちじせかいたいせん》と日本

第一次世界大戦《だいいちじせかいたいせん》　日露戦争《にちろせんそう》ののち日本は朝鮮《ちょうせん》や満州《まんしゅう》に力をのばしましたが、さらに中国《ちゅうごく》にも力をのばそうとしたので、アメリカやイギリスは日本をけいかいしはじめました。

このころドイツは非常《ひじょう》ないきおいで頭《あたま》をもち上げてきました。そしてイギリスやフランスとはげしい競争《きょうそう》をはじめ、ついに、一九一四年（大正三年）、ドイツとオーストリアはロシア、フランス、イギリスと戦争《せんそう》をはじめました。それにはアメリカなど世界《せかい》のほとんどの国が加《くわ》わり、第一次世界大戦《だいいちじせかいたいせん》といわれています。日本もイギリスと同盟《どうめい》していたので、ドイツと戦《たたか》いました。

【注釈】

ドイツの発展《はってん》　ドイツは、一八七一年まで、小さい多くの国にわかれていましたが、統一《とういつ》されると、産業非常《ひじょう》ないきおいで、産業をおこし軍備《ぐんび》をととのえて産業《さんぎょう》でも貿易《ぼうえき》でもイギリスにせまっていきました。そして大海軍《だいかいぐん》をつくって海外《かいがい》にも発展《はってん》しようとしたので、とうとうイギリスやフランスとしょうとつしてしまいました。ドイツはおなじ民族であるオーストリアとくんで、トルコからインドへ出ようとしていました。イギ

戦争《せんそう》は四年あまりも続《つづ》いて、連合国《れんごうこく》の勝利《しょうり》に終《おわ》り、一九一九年（大正八年）パリで講和条約《こうわじょうやく》が結《むす》ばれました。

大戦《たいせん》のあいだ日本は、ヨーロッパの国々《くにぐに》にかわって綿織物《めんおりもの》をはじめ機械《きかい》、雑貨《ざっか》などを輸出《ゆしゅつ》したので大へん景気《けいき》がよくなり、経済《けいざい》の方面《ほうめん》でも日本は世界《せかい》の大国《たいこく》とならぶようになりました。日本が五大強国《ごだいきょうこく》の一つにかぞえられるようになったのは、このころです。

国際連盟《こくさいれんめい》　世界大戦《せかいたいせん》で戦争《せんそう》のおそろしさを知《し》った世界《せかい》の人々は、平和《へいわ》を守《まも》るために国際連盟《こくさいれんめい》をつくりました。日本もこれに加《くわ》わって中心《ちゅうしん》となってかつやくしました。

一九二一年（大正十年）にはワシントンで世界《せかい》のおもな国の軍備《ぐんび》を制限《せいげん》する会議《かいぎ》が開かれました。日本も軍人《ぐんじん》の反《たい》

リスもフランスも、このドイツをおさえようとして協商《きょうしょう》という条約《じょうやく》をむすんで手をにぎりあって戦ったのです。

国際連盟《こくさいれんめい》　第一次世界大戦《だいいちじせかいたいせん》の講和会議《こうわかいぎ》のとき、アメリカの大統領《だいとうりょう》ウィルソンの提案《ていあん》により国際連盟《こくさいれんめい》ができました。

世界の国々が条約《じょうやく》を重んじ平和を守るために力を合わせることを目的としました。連盟《れんめい》のおもな仕事は、軍備《ぐんび》を縮小《しゅくしょう》すること、各国の領土《りょうど》と独立《どくりつ》を守ること、国々の争いを平和に解決《かいけつ》し、社会的《しゃかいてき》、人道的《じんどうてき》な

対《たい》をおさえてこの会議《かいぎ》の約束《やくそく》に賛成《さんせい》しました。このほか、各国《かっこく》は赤十字社《せきじゅうじしゃ》をはじめ、郵便《ゆうびん》や労働《ろうどう》などの仕事《しごと》についてもたびたび会議《かいぎ》を開いて、おたがいに守《まも》るべき約束《やくそく》をつくり、協力《きょうりょく》していきました。

民主政治《みんしゅせいじ》の運動《うんどう》　戦争《せんそう》ののち各国《かっこく》とも民主主義《みんしゅしゅぎ》の運動《うんどう》がさかんになりました。日本でもそのえいきょうをうけて政《せい》党《とう》で内閣《ないかく》をつくる運動《うんどう》がおこり、一九一八年（大正七年）に政党中心《せいとうちゅうしん》の内閣《ないかく》が**原敬《はらたかし》**によってつくられました。その後、大きい政党《せいとう》が内閣《ないかく》をつくるならわしになりました。また一九二五年（大正十四年）に二十五歳以上《いじょう》の男子《だんし》にはすべて選挙権《せんきょけん》があたえられました。しかし、女子《じょし》

原　敬

仕事をすることでした。

台湾議会設置運動《たいわんぎかいせっちうんどう》　日本統治下の台湾でも、一九二十年代初めから一九三十年代ごろにかけて台湾文化の向上や、台湾人の政治的権利をもとめるなど台湾規模《きぼ》の自治《じち》を要求するため、台湾独自の議会の設置を帝国議会にもとめる運動が起《おこ》りました。台湾人である林献堂が中心となり、民族主義活動家を結集《けっしゅう》させて「台湾文化協会」を発足《はっそく》させ、議会設置運動を展開しましたが、台湾総督府《たいわんそうとくふ》の徹底《てってい》的《てき》な弾圧《だんあつ》や妨害《ぼうがい》により実

にはあたえられませんでした。

また、戦争《せんそう》で、輸出《ゆしゅつ》はふえましたが、物《もの》のねだんがあがり、一九一八年（大正七年）には米が非常《ひじょう》に高くなって米そう動《どう》がおこりました。戦争《せんそう》が終《お》わり平和《へいわ》になると、急《きゅう》におとろえる産業《さんぎょう》もでき、不景気《ふけいき》から失業者《しつぎょうしゃ》もふえ、働《はたら》く人の組合運動《くみあいうんどう》がさかんになりました。そうしたとき、一九二三年（大正十二年）の九月**関東地方**《かんとうちほう》に**大地震**《だいじしん》がおこり、死者《ししゃ》は十万をこえ、大へんな損害《そんがい》を出しました。その後不《ふ》景気《けいき》はいっそうひどくなりました。

関東大震災

現できず、運動内部の対《たい》立《りつ》もあってしだいに衰退《すいたい》していきました。

政党内閣《せいとうないかく》　議会がひらかれるようになっても、内《ない》閣《かく》は役人《やくにん》や軍人《ぐんじん》でつくられていました。政党《せいとう》の力が次第《しだい》につよくなってきて、一八九八年に、憲政会《けんせいかい》を中心に大隈重信《おおくましげのぶ》が内閣《ないかく》をつくりました。しかし本格《ほんかく》的《てき》な政党内閣《せいとうないかく》は、一九一八年（大正七年）、政友会《せいゆうかい》総裁原敬《そうさいはらたかし》によってできました。この時は、海軍・陸軍大臣《だいじん》と外務大臣《がいむだいじん》のほかは、すべての大臣《だいじん》を政党出《せいとうしゅっ》身者《しんしゃ》でしめました。

二八　大陸進出《たいりくしんしゅつ》と戦争

軍部《ぐんぶ》の進出《しんしゅつ》　一九二七年（昭和二年）には世界《せかい》をおそった不景気《ふけいき》が日本にもやってきて、大きな銀行《ぎんこう》がつぶれるほど不景気《ふけいき》はひどくなりました。しかし、政党《せいとう》は国民《こくみん》の苦《くる》しい生活《せいかつ》をかえりみず、政権《せいけん》の争奪《そうだつ》をくりかえし、資本家《しほんか》の利益《りえき》だけしか守《まも》ろうとしません。そこで国民《こくみん》は政党《せいとう》の政治《せいじ》に失望《しつぼう》してしまいました。

軍人《ぐんじん》のなかには不景気《ふけいき》を救うために日本の品物《しなもの》を売《う》る市《し》場《じょう》を大陸《たいりく》に求《もと》めようと考える者がでてきました。そこで一九三一年（昭和六年）戦《たたか》いをしかけて満州《まんしゅう》を占領《せんりょう》してしまいました。

国民《こくみん》も政府《せいふ》もそれに反対《はんたい》でしたが、軍人《ぐんじん》はそのような

【注釈】

満州国《まんしゅうこく》　昭和六年、日本が満州《まんしゅう》で戦《たたか》いをはじめるころ、満州《まんしゅう》は日本の生命《せいめい》線《せん》だといわれていました。それは満州《まんしゅう》にあった南満州鉄道《てつどう》などの権利《けんり》や旅順《りょじゅん》や大連《だいれん》が日本からなくなると、日本の安全がそこなわれ、経済《けいざい》でも大へんなそんがいをうけるということで、ぜひとも満州《まんしゅう》は日本の下においておきたいということでした。このため、国際連盟が日本の行《おこな》い不正《ふせい》として、みとめなかったにもかかわらず、強《つよ》く満州国《まんしゅうこく》をたて

人々をおさえて満州《まんしゅう》を中国《ちゅうごく》から独立《どくりつ》させました。中国《ちゅうごく》は国《こく》際連盟《さいれんめい》にこれをうったえ、国際連盟《こくさいれんめい》は日本の行動《こうどう》を不正《ふせい》として満州国《まんしゅうこく》をみとめなかったので、日本は連盟《れんめい》からぬけることになりました。

軍人《ぐんじん》は自分《じぶん》たちの手で日本の立てなおしをやろうとして、それに反対《はんたい》する政治家《せいじか》をおさえ、一九三二年（昭和七年）には総理大臣《そうりだいじん》の**犬養毅**《いぬかいつよし》をもたおしました。一九三六年（昭和十一年）二月二十六日には軍隊《ぐんたい》の力で自分《じぶん》たちと意《い》見《けん》の合わない人々をたおそうとするさわぎまでおこしました。これを**二・二六事件**《じけん》といい、これからすっかり軍部《ぐんぶ》の考えどおりに政治《せいじ》を動《うご》かすようになりました。

戦争《せんそう》への道《みち》　このころヨーロッパではドイツやイタリア

て世界のよ論《ろん》にさからうことをして、戦争への道をすすんだのでした。

独裁国家《どくさいこっか》　議会をひらいて多数決《たすうけつ》で政治の方針《ほうしん》をきめていくのではなく、一人のかしらや、ごくわずかの人の集まりの意志《いし》だけで国の政治がおこなわれるしくみになっている国です。

イタリアではファシストをひきいたムッソリーニ、ドイツではナチス党のヒットラーが、その国のかしらでした。

日独伊三国軍事同盟《にちどくいさんごくぐんじどうめい》　ヨーロッパでは、ドイツが、独裁国家《どくさいこっか》をきずいていきおいをつよめていました。軍《ぐん》部《ぶ》はこれをみならって国内《こくない》を立てなおし、東アジアに勢力《せいりょく》をひろめようと考えて、この二国と協定《きょうてい》を結《むす》びました。そしてソ連《れん》にそなえるとともに、一九三七年（昭和十二年）七月、中国《ちゅうごく》と戦《たたか》いはじめました。近衛内閣《このえないかく》は戦《たたか》いが大きくならないように努《つと》めましたが、軍部《ぐんぶ》は政府《せいふ》の方針《ほうしん》に従《したが》わず、中国全体《ちゅうごくぜんたい》に戦《たたか》いはひろがっていきました。

一九三九年（昭和十四年）には、ドイツとイタリアがイギリス、フランスとの間に戦《たたか》いをはじめたので、日本は一九四〇年（昭和十五年）ドイツ、イタリアと同盟《どうめい》を結《むす》びました。

こうした間に、軍部《ぐんぶ》は戦争《せんそう》の準備《じゅんび》をどんどん進《すす》めていき

とイタリアが勢力《せいりょく》をのばそうとしてそれをじゃまする英《えい》、米《べい》、仏《ふつ》と対立していましたが、中国をおさえようとした日本にとっても米英《べいえい》は中国をたすけていて対立《たいりつ》していました。そこで、日本、ドイツ、イタリアは、一九四〇年（昭和十五年）に同盟《どうめい》をむすび、英、米、仏をおさえてたがいにヨーロッパや東洋《とうよう》で指導《しどう》的地位《てきちい》につくことを助《たす》けあい、もし、三国が新しい敵《てき》から攻撃《こうげき》をうけたら、政治《せいじ》・経済《けいざい》・軍事《ぐんじ》のあらゆる面《めん》でたすけあうことを約束《やくそく》しました。

ました。国民生活《こくみんせいかつ》のあらゆる面《めん》がぎせいにされ、せっかく民主的《みんしゅてき》にでき上がってきた政党《せいとう》も解散《かいさん》され、議会《ぎかい》は名前《なまえ》だけのものとなり政治《せいじ》はすべて軍部《ぐんぶ》の意見《いけん》のままに進《すす》められていきました。

焼け野原となった東京

太平洋戦争《たいへいようせんそう》　一九四一年（昭和十六年）の秋、とうとう陸軍《りくぐん》大将《たいしょう》の**東条英機《とうじょうひでき》**が総理大臣《そうりだいじん》になりました。そして十二月八日、日本はいきなりハワイをおそって、アメリカやイギリスに戦争《せんそう》をしかけました。はじめは日本が勝利《しょうり》をつづけましたが、し

このために世界の対立《たいりつ》はますますきびしくなり、いっそう戦争への道をはやめました。

ポツダム宣言《せんげん》　一九四五年、連合国《れんごうこく》の代表がドイツのポツダムに集まって日本に無条件《むじょうけん》で降伏《こうふく》するようにすすめる文書をだしました。それは日本人は四つの島の中にすみ、軍国主義《ぐんこくしゅぎ》など、戦争をしかけるような力をなくし、日本の民主主義《みんしゅしゅぎ》をそだて、思想《しそう》や宗教《しゅうきょう》や言論《げんろん》の自由《じゆう》がとうとばれるようにするなど、日本の政治をかえていく方針《ほうしん》をはっきり

だいに戦《たたか》いは不利になり、日本の本土《ほんど》はアメリカの空軍《くうぐん》に空襲《くうしゅう》され、東京はじめおもな都会《とかい》は焼《や》けてしまいました。一方、ヨーロッパではドイツ、イタリアが連合国《れんごうこく》に降伏《こうふく》しました。アメリカ軍は、太平洋《たいへいよう》の島々をつぎつぎに攻《せ》めて沖縄《おきなわ》に上陸《じょうりく》し、日本の本土《ほんど》にせまりました。

一九四五年（昭和二十年）八月、連合国《れんごうこく》は**ポツダム宣言**《せんげん》をだして降伏《こうふく》をすすめ、原子爆弾《げんしばくだん》を広島《ひろしま》と長崎《ながさき》に落《お》とし、ソ連《れん》も日本に開戦《かいせん》したので、ついに八月十五日、ポツダム宣言《せんげん》を受《う》け入れ、天皇《てんのう》によって終戦《しゅうせん》の命令《めいれい》がだされました。

長崎に投下された原子爆弾のキノコ雲

とさせました。
この宣言の方針《ほうしん》にそって占領軍《せんりょうぐん》は、日本の政治《せいじ》や経済《けいざい》を大きくかえて、民主主義をそだてていきました。

二九　平和《へいわ》のおとずれ

新憲法祝賀会

民主化《みんしゅか》への道《みち》　日本を占領《せんりょう》した連合軍《れんごうぐん》は、ポツダム宣言《せんげん》にもとづいて日本の軍隊《ぐんたい》をなくし、政治《せいじ》や経済《けいざい》の面《めん》でもたくさんの改革《かいかく》を要求《ようきゅう》して、日本の自由《じゆう》と平和《へいわ》をおびやかすものをなくしていきました。

まず**新憲法《しんけんぽう》**がつくられて、一九四七年（昭和二十二年）五月三日からおこなわれました。この憲法《けんぽう》は日本が永久《えいきゅう》にどこの国とも戦争《せんそう》をしないことをきめています。また選挙権《せんきょけん》は、女子《じょし》にもみとめられて、

【注釈】

新憲法《しんけんぽう》　日本国憲法《にほんこくけんぽう》のことで、帝国憲法《ていこくけんぽう》に対《たい》して新憲法《しんけんぽう》といいます。一九四六年、憲法の改正《かいせい》を占領軍《せんりょうぐん》からもとめられ、新しくつくられました。古い憲法との一ばん大きなちがいは、政治をする権利《けんり》は国民にあること、永久《えいきゅう》に戦争《せんそう》をしないことがはっきりきめられていることです。そのほかに男女の平等《びょうどう》がみとめられたことも大きな意味があります。

農地改革《のうちかいかく》（一九四五、四

男女同権《だんじょどうけん》が実現《じつげん》しました。

次に日本の経済《けいざい》が少数《しょうすう》のものにあやつられないように、**財閥《ざいばつ》**がなくされ、**農地改革《のうちかいかく》**がおこなわれて大地主《おおじぬし》の土地《とち》が小作農民《こさくのうみん》にわかられました。また、働《はたら》く人の生活《せいかつ》を守《まも》るために労働組合《ろうどうくみあい》や農民組合《のうみんくみあい》が全国《ぜんこく》につくられました。こうして、日本は平和《へいわ》と自由《じゆう》をとうとぶ民主主義《みんしゅしゅぎ》の国に生《う》まれかわっていきました。

あかるい生活《せいかつ》　文化《ぶんか》の面《めん》でも、教育《きょういく》に**六・三・三・四制《せい》**がしかれ個性《こせい》を重《おも》くみる教育《きょういく》がおこなわれました。また、物理学者《ぶつりがくしゃ》の**湯川秀樹《ゆがわひでき》**がはじめてノーベル賞《しょう》をうけ、敗戦《はいせん》でうちひしがれていた日本人に自信《じしん》と誇《ほこ》りをもたせました。

こうして敗戦後《はいせんご》、不自由《ふじゆう》な生活《せいかつ》をしていた国民《こくみん》も連合国軍《れんごうこくぐん》の

七年）　日本の民主化《みんしゅか》をするためには、農村にのこっている地主と小作人《こさくにん》という、封建的《ほうけんてき》な、むかしからつづいている関係《かんけい》をなくさなければならないと考えて、占領軍《せんりょうぐん》のもとめで政府がおこないました。そこで政府は地主の土地は一定《いってい》の広さ以外は全部《ぜんぶ》買い上げて小作人《こさくにん》にあたえ、小作人を自作農《じさくのう》にし、また小作料《こさくりょう》は金納《きんのう》にかえました。

国際連合《こくさいれんごう》（一九四五年）　二度《にど》まで、大きな戦争《せんそう》を経験《けいけん》した世界の国々は戦争中から戦後の平和をか

たすけと国民《こくみん》の努力《どりょく》で、だんだんあかるい生活《せいかつ》をとりもどしました。

独立《どくりつ》の完成《かんせい》　二回にわたる大戦争《だいせんそう》で平和《へいわ》のとうとさを知《し》った各国《かっこく》は**国際連合《こくさいれんごう》**をつくって平和《へいわ》な世界《せかい》をきずき上げようと努めました。

講和会議で署名する吉田首相

また日本も一九五一年（昭和二十六年）には国民《こくみん》のまちこがれていた**講和会議《こうわかいぎ》**がアメリカのサンフランシスコで開《ひら》かれ、翌年《よくねん》から日本はふたたび独立国《どくりつこく》として世界《せかい》の国々《くにぐに》のなか間《ま》に入《はい》ることができるようたく守るために相談をして、英《えい》、米、ソ、仏《ふつ》、中《ちゅう》国《ごく》が中心に国際連合《こくさいれんごう》をつくりました。

そうして平和的《へいわてき》に、国際《こくさい》問題《もんだい》を解決《かいけつ》することになりました。国際連盟《こくさいれんめい》について反省《はんせい》した結果《けっか》、この国際連合《こくさいれんごう》は、戦争《せんそう》の危機《きき》をおさえるために軍隊《ぐんたい》を派遣《はけん》する力をもつようになりました。そうして、各方面《かくほうめん》に仕事をわけて活《かつ》躍《やく》しています。

本部はニューヨークにおかれ毎年一回ここで総会がひらかれています。

になりました。

しかし、日本がふたたび船出《ふなで》した世界《せかい》の海《うみ》は決《けっ》しておだやかではありません。ソ連《れん》とアメリカは、ことごとにあらそってきびしく対立《たいりつ》していたので、日本とソ連《れん》との間にも、ながく講和《こうわ》ができなかったのです。一九五六年（昭和三十一年）に総理大臣《そうりだいじん》の**鳩山一郎《はとやまいちろう》**がモスクワを訪《おとず》れて、ようやくソ連《れん》との間に交《まじ》わりをとりもどしました。つづいて一九五七年（昭和三十二年）には、国際連合《こくさいれんごう》に**加入《かにゅう》**することもゆるされ、一九五七年（昭和三十二年）には、国際連合《こくさいれんごう》の重要《じゅうよう》な機関《きかん》である**安全保障理事会《あんぜんほしょうりじかい》**の**非常任理事国《ひじょうにんりじこく》**にも選《えら》ばれました。これは世界《せかい》の平和《へいわ》と安全《あんぜん》にかかわる大切《たいせつ》な問題《もんだい》を取《と》りあげるところです。その理事国《りじこく》の一つに選《えら》ばれたことは、大へんな名誉《めいよ》です。しか

安全保障理事会《あんぜんほしょうりじかい》　国際連《こくさいれん》合《ごう》のなかで一ばん大切な、世界の平和や安全をまもる仕事をするところです。米、英、仏、ソ、中国《ちゅうごく》は常任《じょうにん》理事国《りじこく》といって永久《えいきゅう》にかわらない理事国ですが、のこりの十か国は非常任《ひじょうにん》理事国《りじこく》といって、毎年半数ずつ選びなおされ、二年間ずつつとめることになっています。

この理事会は平和《へいわ》のためには各国から軍隊《ぐんたい》をさしださせて国連軍《こくれんぐん》をつくって、はけんする大きな力をもっています。

し、それだけに世界《せかい》の国々《くにぐに》の信頼《しんらい》をうらぎらないように、世界《せかい》の平和《へいわ》を守《まも》るために、しっかりとした、よい働《はたら》きをしようと努《つと》めました。

科学《かがく》の発達《はったつ》　広島《ひろしま》や長崎《ながさき》に落《お》とされた原子爆弾《げんしばくだん》は、それらの町をこわし、何十万という人の命《いのち》を奪《うば》いました。このおそろしい**原子力《げんしりょく》**を平和《へいわ》な産業《さんぎょう》に利用《りよう》する研究《けんきゅう》もおこなわれ、原子力《げんしりょく》の発電所《はつでんしょ》や汽船《きせん》もつくられ、世界の産業《さんぎょう》を大きくかえました。

宇宙《うちゅう》の開発《かいはつ》　一九五七年（昭和三十二年）十月、ソ連《れん》の人工衛星《じんこうえいせい》の打《う》ち上げにはじまり、ついに一九六九年（昭和四十四年）アメリカは、アポロ十一号《ごう》に人間をのせ月面《げつめん》着陸《ちゃくりく》に成功《せいこう》させ、月に人類《じんるい》はじめての足あとをしるしまし

人工衛星《じんこうえいせい》　一九五七年十月、ソ連はスプートニク一号を初《はつ》の人工衛星として成功させました。一九六九年、アメリカはアポロ十一号、十二号の月面着陸成功によって、遅《おく》れていた宇宙開発《うちゅうかいはつ》を一挙《いっきょ》にとりもどしました。

アポロの月面着陸

た。つづいてアポロ十六号《ごう》は、飛行士《ひこうし》を十一号以上《ごういじょう》長時間の月面活動《げつめんかつどう》に成功《せいこう》させました。

一九七六年（昭和五十一年）七月、アメリカは、火星《かせい》に探査機《たんさき》を軟着陸《なんちゃくりく》させました。やがては、宇宙《うちゅう》の開発《かいはつ》が人々の生活《せいかつ》や考えを大きくかえていくことになりました。

その後、平成の時代には若田光一《わかたこういち》、野口聡一《のぐちそういち》、古川聡《ふるかわさとし》、星出彰彦《ほしであきひこ》、油井亀美也《ゆいきみや》、大西卓哉《おおにしたくや》、金井宣茂《かないのりしげ》、毛利衛《もうりまもる》、土井隆雄《どいたかお》、山崎直子《やまざきなおこ》、向井千秋《むかいちあき》などの日本人宇宙飛行士が宇宙へと行きました。

産業《さんぎょう》の復興《ふっこう》　敗戦後《はいせんご》の日本の経済《けいざい》は、国民の努力《どりょく》によって一九五〇年（昭和二十五年）ごろには、戦前の水準《すいじゅん》まで復興《ふっこう》しました。そしてその後も産業《さんぎょう》の発展《はってん》はつづきましたた

日本の人工衛星《じんこうえいせい》　一九五五年東大の小さなペンシルロケットにはじまり、カッパー、ラムダ、ミューなど改良《かいりょう》をかさね、一九七〇年二月にラムダ四S型五号を打ち上げ、初の人工衛星にしました。さらに研究を進め、一九八一年には、気象衛星《きしょうえいせい》「ひまわり二号」を打ち上げるまでになりました。

公害《こうがい》　一酸化炭素《いっさんかたんそ》や亜硫酸《ありゅうさん》ガス・六価《ろっか》クロムなどによる大気や土のよごれ、水銀やシアン・カドミウムなどによる川や海の水質のよごれ、騒音《そうおん》、振動《しんどう》、

が、なかでも工業の発展《はってん》は著《いちじる》しく、とくに一九六〇年（昭和三十後五年）ごろから**石油化学工業**を中心にめざましい発展《はってん》をとげ、現在《げんざい》では日本の国民総生産《こくみんそうせいさん》は、世界の中でも上位《じょうい》をしめる工業生産国となりました。

また、これにともなって輸出《ゆしゅつ》もふえ、貿易《ぼうえき》もはってんするとともに国民の生活も向上《こうじょう》し、消費《しょうひ》生活も変化《へんか》してきました。

公害《こうがい》　しかし、産業《さんぎょう》が発達《はったつ》するとともに、国土開発のよる自然環境《かんきょう》の破壊《はかい》や農村人口と都市人口の過疎《かそ》・過密《かみつ》の問題《もんだい》、いろいろな産業《さんぎょう》から発生する公害源《こうがいげん》が私たちの生活の中にあらわれ、いろいろな環境《かんきょう》をよごして人々のくらしを苦《くる》しめ、大きな社会問題《もんだい》となりました。

地盤《じばん》の沈下《ちんか》、悪臭《あくしゅう》などによって、人の健康《けんこう》または生活環境《かんきょう》に被害《ひがい》をあたえるものを公害《こうがい》といっていますが、産業の発達や国土の開発にしたがって、公害《こうがい》の地域《ちいき》はますます広《ひろ》がり、また公害《こうがい》の発生原因《げんいん》も複雑化《ふくざつか》してきています。

今までに多くの被害者《ひがいしゃ》を出した四日市《よっかいち》ぜんそく（三重）、水俣病《みなまたびょう》（熊本）、第二水俣病《みなまたびょう》（新潟）、イタイイタイ病《びょう》（富山）は四大《よんだい》公害《こうがい》といわれています。

沖縄復帰《おきなわふっき》　一九五一年九月に調印《ちょういん》されたサンフラ

このため、国民のいろいろな運動がおこり、公害防止《こうがいぼうし》や自然環境《かんきょう》の保護《ほご》などがさけばれました。

領土《りょうど》の返還《へんかん》　一九六八年（昭和四十三年）六月それまでアメリカに管理《かんり》されていた**小笠原諸島《おがさわらしょとう》**が返還《へんかん》され、一九七二年（昭和四十七年）五月には国民が長い間待ち望《のぞ》んでいた**沖縄《おきなわ》**が日本に復帰《ふっき》しました。

沖縄復帰記念式典

交通《こうつう》の発達《はったつ》　産業《さんぎょう》の発達《はったつ》や技術《ぎじゅつ》の進歩《しんぽ》によって、新しい鉄道や道路などが建設《けんせつ》されるようになりました。なかでも、東京～新大阪《しんおおさか》を約《やく》三時間で結《むす》ぶ**新幹線《しんかんせん》**は、一九五九年（昭和三十四年）に着工《ちゃくこう》され、わずか五年

ンシスコ平和条約《へいわじょうやく》によって、沖縄《おきなわ》はアメリカの施《し》政権《せいけん》のもとにおかれていましたが、一九七一年六月にアメリカとの間に沖《おき》縄返還協定《なわへんかんきょうてい》が結ばれ、一九七二年五月、正式に日本に返還《へんかん》され、長い間人々の願いであった沖縄《おきなわ》の本《ほん》土復帰《どふっき》が実現《じつげん》しました。

新幹線鉄道《しんかんせんてつどう》　日本の主要都市を結ぶ国鉄の超高速《ちょうこうそく》鉄道《てつどう》。新幹線《しんかんせん》（東京―新大阪）は、一九六四年十月に東京オリンピックに合わせて開業し、これが日本の「新幹線」時代の幕開《まくあ》けとなりました。

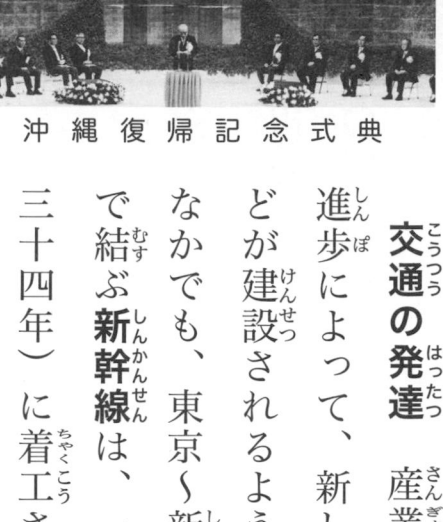

後の一九六四年（昭和三十九年）十月に完成《かんせい》し、世界《せかい》の注目《ちゅうもく》をあびました。その後もあたらしい線の建設《けんせつ》がつづき、一九七〇年代には山陽新幹線《さんようしんかんせん》が、一九八〇年代には上越新幹線《じょうえつしんかんせん》と東北新幹線《とうほくしんかんせん》が、一九九〇年代には山形新幹線《やまがたしんかんせん》・北陸新幹線《ほくりくしんかんせん》・秋田新幹線《あきたしんかんせん》・東北新幹線《とうほくしんかんせん》が続々と開通《かいつう》しました。そして二〇〇〇年代に入《はい》ると、まずは東北新幹線《とうほくしんかんせん》が二〇〇二年に盛岡《もりおか》～八戸間《はちのへかん》を開通《かいつう》させました。そして、九州新幹線《きゅうしゅうしんかんせん》が二〇〇四年に新八代《しんやつしろ》～鹿児島中央《かごしまちゅうおう》間《かん》を開通《かいつう》して二〇一一年には全線《ぜんせん》開通《かいつう》させました。二〇一五年になると、長野《ながの》～金沢間《かなざわかん》が開通《かいつう》し

1964年の東海道新幹線

その幕開《まくあ》けから半世紀《はんせいき》以上がたった現在、さらに速く効率的《こうりつてき》な近代《きんだい》列車として多くの人々に利用され、路線も着実《ちゃくじつ》に日本全国へと拡大《かくだい》しており、東京から神戸、京都、広島、長野といった主要都市まで最高時速約三二二キロで走行《そうこう》しています。

日本の空港　日本の空港は、「拠点《きょてん》空港」・「地方管理空港」・「共用空港」・「その他の空港」の四種類に分類され、私たちが一般的に利用するのは「拠点《きょてん》空港」です。そのなかで、「成田《なりた》国際空港」・「中部国

ました。あたらしい線の建設は現在でも行われており、北陸新幹線《ほくりくしんかんせん》は二〇二三年春の全線開業《ぜんせんかいぎょう》を目指《めざ》しています。新幹線《しんかんせん》は利便性《りべんせい》の高い国民の足として多くの人に利用《りよう》されています。

また、**高速自動車道路**《こうそくじどうしゃどうろ》も名神《めいしん》・東名《とうめい》・中央《ちゅうおう》・九州《きゅうしゅう》・東北《とうほく》・道央《どうおう》・東北《とうほく》・名神《めいしん》・北陸《ほくりく》・中国《ちゅうごく》・九州《きゅうしゅう》など、幹線道《かんせんどう》関越《かんえつ》・東名《とうめい》・中央《ちゅうおう》の主要区間《しゅようくかん》を昭和《しょうわ》の間にほぼ完成《かんせい》させました。平成《へいせい》になるとそこから分岐《ぶんき》した形で高速自動車道路《こうそくじどうしゃどうろ》のネットワークを全国へ張《は》り巡《めぐ》らせ、産業《さんぎょう》や人々の生活に大きな影響《えいきょう》をあたえました。

2011年の九州新幹線

際空港」・「関西国際空港」・「大阪国際空港」は民間会社管理で、他は国や地方が管理しています。空港の名称や位置は政令《せいれい》で定《さだ》められ、厳《きび》しい規制《きせい》も設《もう》けられています。そのため、各空港や航空会社は決められた発着可能枠の中で工夫をし、全国・世界に張り巡《めぐ》らせられた航空路線網《こうくうろせんもう》を成立させているのです。利用旅客数が日本一の空港は東京国際空港（羽田空港）で、世界ランキングでは四位となっています。その次は成田、北海道、福岡、関西の順に多くなっていま

このほか、飛行機《ひこうき》の発達《はったつ》や空港《くうこう》の整備《せいび》により、日本の大きな都市《とし》に大型《おおがた》のジェット機が飛《と》ぶようになり、ますます便利《べんり》になりました。

世界《せかい》の中の日本　いろいろな催《もよお》しを通《とお》して国際親善《こくさいしんぜん》を深めようと、一九六四年（昭和三十九年）十月、**オリンピック東京大会**、一九七二年（昭和四十七年）二月、**オリンピック札幌《さっぽろ》大会**、一九九八年（平成十年）二月、**オリンピック長野《ながの》大会**の三つのオリンピックが開かれ、スポーツを通《つう》じて世界《せかい》の人々と親善《しんぜん》を深めています。また、二〇二〇年（令和二年）に東京でオリンピックを開催する予定でしたが、この年《とし》新型コロナウイルス感染症《かんせんしょう》が全世界で大流行したため、一年延期《えんき》することが発表《はっぴょう》されました。

す。

万国博覧会《ばんこくはくらんかい》　一九二八年、パリできめられた条約《じょうやく》にもとづいて、三七か国の加盟国《かめいこく》のほか多数の国の参加《さんか》をもとめて四年ごとに開かれる国際的《こくさいてき》な博覧《はくらん》会《かい》で、参加国《さんかこく》が人類《じんるい》の文化と産業《さんぎょう》の成果《せいか》を競《きそ》うことになっています。

第二次世界大戦後は、人間性を尊重《そんちょう》する基本《きほん》テーマをもつようになり、一九七〇年、アジアで初めて開かれた大阪の万国博《ばんこくはく》は、そのテーマを「人間の進歩と調和」としました。大阪の万国博《ばんこくはく》は、参

また、一九七〇年（昭和四十五年）には、三月から九月まで大阪《おおさか》で**万国博覧会《ばんこくはくらんかい》**、一九七五年（昭和五十年）には沖縄《おきなわ》で**国際海洋博覧会《こくさいかいようはくらんかい》**、一九八五年（昭和六十年）には茨城《いばらぎ》で**国際科学技術博覧会《こくさいかがくぎじゅつはくらんかい》**、一九九〇年（平成二年）には大阪《おおさか》で**国際花と緑の博覧会《こくさいはなとみどりのはくらんかい》**、二〇〇五年（平成十六年）には静岡《しずおか》で**国際園芸博覧会《こくさいえんげいはくらんかい》**、二〇〇五年（平成十七年）には名古屋《なごや》で**愛《あい》・地球博《ちきゅうはく》**が開催され、世界《せかい》の国々《くにぐに》や日本の産業《さんぎょう》や文化《ぶんか》がしょうかいされました。そして、二〇二五年には大阪で五十五年ぶりとなる**大阪万博《ばんぱく》**が開催《かいさい》される予定です。

万国博覧会会場

このほかにも、世界各国《せかいかっこく》の代表者《だいひょうしゃ》

加国七七か国、入場者は延べ六〇〇〇万人を越えました。

日本での国際会議　二〇一八年に日本で開催《かいさい》された、民間企業以外が主催《しゅさい》者で、日本を含む三か所以上の国と地域から五十人以上の参加がある国際会議の件数は三四三三件ありました。（日本政府観光局調べ）

都市別の開催《かいさい》件数は東京二十三区が最多《さいた》の六四五件で、次《つ》いで神戸《こうべ》市が四一九件、京都《きょうと》市が三四八件、福岡《ふくおか》市が二九三件、名古屋《なごや》市が二〇二件でし

や学者《がくしゃ》などが集《あつ》まって開かれる政治《せいじ》や経済《けいざい》、学術《がくじゅつ》などの**国際会議《こくさいかいぎ》**もたびたび日本で開かれるようになりました。

このように、その後の日本は、国際社会《こくさいしゃかい》の中で重要《じゅうよう》な地位《ちい》をきずくことになっていきます。

経済面《けいざいめん》では、一九七三年（昭和四十八年）にアラブ諸国《しょこく》とイスラエルの間に**四次中東戦争《よじちゅうとうせんそう》**が起《お》り、アラブ諸国《しょこく》が石油《せきゆ》の輸出《ゆしゅつ》を制限《せいげん》して価格を引《ひ》き上《あ》げました。そのため、世界の国々《くにぐに》の経済《けいざい》が大きな影響《えいきょう》を受けて、日本の経済《けいざい》成長も落ちこんでいきました。街《まち》では売りおしみや買い占《し》めなどによって物価が上《あ》がり、トイレットペーパーなどの日用品《にちようひん》が不足《ふそく》しました。これを**オイルショック**といいます。その後、一九七四年（昭和四十九年）には経済《けいざい》成長がマイナス

た。参加者総数は一八四万人で、このうち外国人参加者数は二十一万人。会議の分野別の参加者数は、「医学」が八十七万人、「科学・技術・自然」が五十三万人となっています。日本が国際会議の場所に選ばれる理由としては、治安や交通への信頼があるため安心して会議を開くことができるためだそうです。

第四次中東戦争《だいよじちゅうとうせんそう》　一九七三年十月にイスラエルとエジプト・シリアをはじめとするアラブ諸国《しょこく》との間で行われた戦争。戦争中

になって高度経済成長《こうどけいざいせいちょう》が終《お》わりました。

一九七〇年代後半から一九八〇年代頃《ごろ》の日本は、経済《けいざい》の合理化《ごうりか》やエネルギー化をすすめ、不況《ふきょう》を乗り越《こ》えて安定的に成長していきました。自動車や電気製品などの輸出《ゆしゅつ》で貿易《ぼうえき》黒字が増《ふ》えましたが、このことに対してアメリカは不満《ふまん》を持ち、貿易摩擦《ぼうえきまさつ》が起こりました。また、一九八〇年代は企業《きぎょう》が株式《かぶしき》や土地《とち》への投資《とうし》を増《ふ》やしたことで株式《かぶしき》や土地《とち》の価格が高騰《こうとう》し、**バブル景気《けいき》**が起りましたが、一九九一年（平成三年）にはじけて崩壊《ほうかい》し、日本の経済《けいざい》は深刻《しんこく》な平成《へいせい》不況《ふきょう》が続きました。

また、一九八九（平成元年）に日本ではじめて消費税《しょうひぜい》が税率《ぜいりつ》3％で導入《どうにゅう》され、一九九七年（平成九年）には消費税《しょうひぜい》

にアラブ石油輸出国機構《せきゆゆしゅつこくきこう》（OAPEC）の親イスラエル国に対する石油禁輸措置《きんゆそち》と石油価格引き上げを行い、世界中に多大な経済混乱《こんらん》をもたらしました。

バブル景気《けいき》　土地《とち》や株《かぶ》などの資産《しさん》の価格だけが、適正価格《てきせい》からかけ離れてどんどん上がって行き、非常に景気《けいき》のいいことを言います。上がり尽くすと、急速《きゅうそく》に資産《しさん》価格の下落が起こります。これが、泡《あわ》が大きく膨らんではじける様子に似《に》ているので、それに例《たと》えてできた言葉《ことば》です。

が5%となりました。

二十一世紀《せいき》を迎《むか》えようとする日本　この時代までの日本は、生活を不安《ふあん》にさせる物価高《ぶっかだか》の問題《もんだい》、公害《こうがい》や自然破《しぜんは》かい、都市《とし》の過密《かみつ》と農村《のうそん》の過疎《かそ》、住宅《じゅうたく》や交通・教育問題《もんだい》、人間の権利《けんり》を守《まも》る問題《もんだい》など、解決《かいけつ》しなければならない問題《もんだい》がたくさんありました。また、工業《こうぎょう》の急げきな発展《はってん》によって、商品《しょうひん》の海外進出がめだち、世界《せかい》の国々《くにぐに》からは、日本はもうけ主義《しゅぎ》だと非難《ひなん》されました。

世界《せかい》の国々《くにぐに》との関係《かんけい》をみると、日本と朝鮮民主主義人民《ちょうせんみんしゅしゅぎじんみん》共和国《きょうわこく》との間には、この時から現在《げんざい》までいまだに国交《こっこう》も開かれていません。また、領土《りょうど》の問題《もんだい》では、ロシアとは**北方《ほっぽう》領土《りょうど》**の問題があるので、いまだ平和条約が結《むす》ばれていませ

消費税《しょうひぜい》の導入《どうにゅう》のあゆみ

一九八八年…消費税法成立。

一九八九年…日本ではじめて消費税が導入《どうにゅう》、消費税率は三パーセント。

一九九七年…消費税率を五パーセントに引き上げ。

二〇〇一年…小泉内閣発足《こいずみないかくほっそく》。「任期中は消費税を上げない」と明言《めいげん》する。

二〇〇九年…鳩山由紀夫《はとやまゆきお》が「消費税率は四年間上げない」とするマニフェストで民主党が総選挙で勝利、政権交代を実現する。

二〇一四年…消費税率を八パーセントに引き上げ。

二〇一九年…消費税率を十

ん。ほかにも、竹島《たけしま》や尖閣諸島問題《せんかくしょとうもんだい》も、戦後一貫《いっかん》して平和国家《こっか》としての道をあゆんできた日本は、事態《じたい》をエスカレートさせることなく、国際法にのっとって平和《へいわ》的に解決《かいけつ》しようと韓国《かんこく》や中国《ちゅうごく》に提案《ていあん》しています。

また、水産資源《すいさんしげん》や石油などの資源《しげん》を確保《かくほ》することについても、世界《せかい》の国々《くにぐに》との間にむずかしい問題《もんだい》が残《のこ》されていました。

新たな年号を発表する小渕恵三

戦後初めての改元《かいげん》　一九八九年に昭和天皇が崩御《ほうぎょ》され、当時の官房長官《かんぼうちょうかん》であった**小渕恵三《おぶちけいぞう》**が、「新しい元号は平成《へいせい》であります」と発表《はっぴょう》し、あたらしい時代が幕《まく》を開けました。

パーセントに引き上げ。軽減税率《けいげんぜいりつ》を導入《どうにゅう》し、食品（外食・酒類を除く）と宅配《たくはい》新聞の定期購読料《こうどくりょう》は現行《げんこう》の八パーセントの税率を維持《いじ》する。

未解決《みかいけつ》の北方領土《ほっぽうりょうど》　北海道根室《ねむろ》半島の東北に位置する択捉《えとろふ》島、国後《くなしり》島、色丹《しこたん》島、歯舞諸島《はぼまいしょとう》の島々は、もともと日本の領土《りょうど》であるが、現在はロシアに占領《せんりょう》されています。日本はこれらの島々の返還《へんかん》をもとめているものの、なかなか返還《へんかん》されません。国民は、一日も早く返還《へんかん》されることを願っています。

三十　二十一世紀に日本が直面《ちょくめん》する諸問題《しょもんだい》

不況が続く日本　二〇〇二年、小泉純一郎《こいずみじゅんいちろう》が首相《しゅしょう》になり、長引《ながび》く不況《ふきょう》を解決しようと、国営事業《こくえいじぎょう》の民営化《みんえいか》などをすすめる規制緩和《きせいかんわ》を行いました。これにより、景気《けいき》は回復《かいふく》しましたが、貧富《ひんぷ》の格差《かくさ》や地方と都市の格差《かくさ》が拡大《かくだい》してしまいました。

さらに二〇〇八年九月、アメリカの投資銀行《とうしぎんこう》「リーマン・ブラザーズ」の経営破綻《けいえいはたん》により、金融危機《きんゆうきき》が起りました。これを**リーマンショック**といいます。この時代に就職《しゅうしょく》活動をしていた人たちはなかなか仕事が見つからず、今でも非正規雇《ひせいきこ》用者《ようしゃ》が多い世代《せだい》として問題視《もんだいし》されています。

【注釈】

リーマンショック　リーマンショックとは、二〇〇八年九月に大手証券会社のリーマン・ブラザーズがサブプライムローンの巨額《きょがく》の損失《そんしつ》によって経営破《は》たんし、世界に大きな影響をもたらした金融《きんゆう》危機《きき》です。原因は、アメリカの住宅市場《じゅうたくしじょう》の悪《あっ》化《か》による住宅ローン問題がきっかけといわれています。

少子《しょうし》高齢化《こうれいか》と人口減少社会《じんこうげんしょうしゃかい》

現在の日本は、**少子高齢化《しょうしこうれいか》**や人口《じんこう》の減少《げんしょう》が社会問題となっています。これらの問題点は、将来人口が減少《げんしょう》することによって消費《しょうひ》が減少《げんしょう》したり、人手不足《ひとでぶそく》により経済《けいざい》の縮小《しゅくしょう》や経済成長率《けいざいせいちょうりつ》の低下《ていか》を引き起《お》こすことです。すでに飲食業《いんしょくぎょう》や建設業《けんせつぎょう》などが人手不足《ひとでぶそく》となり、外国人労働者《ろうどうしゃ》を雇《やと》うなどをしていますが、文化や言語が違うため教育や研修《けんしゅう》などの費用がかかるというリスクがあります。また、医療《いりょう》界も人手不足《ひとでぶそく》で、病院の経営《けいえい》が難しくなるだけではなく、病院が閉鎖《へいさ》してしまい、緊急時《きんきゅうじ》に病院がないといった事態《じたい》になりかねません。さらに、**年金《ねんきん》制度**や**医療《いりょう》制度**が成り立たなくなることも十分《じゅうぶん》に考えられます。

老老介護《ろうろうかいご》と認認介護《にんにんかいご》

六十五歳以上の高齢者同士《こうれいしゃどうし》で介護《かいご》を

就職氷河期世代《しゅうしょくひょうがきせだい》　バブル経済崩壊《ほうかい》後の不況《ふきょう》期や、リーマン・ショック時など企業が新卒の採用を抑制《よくせい》した時期に、就職活動《しゅうしょくかつどう》を経験した世代のことをいいます。この世代は今でも非正規雇用者《ひせいきこようしゃ》が多数を占《し》め、政府はこの世代の正規雇用《せいきこよう》を増やすために支援推進室《しえんすいしんしつ》を設立し、人材が必要な業界《ぎょうかい》と連携《れんけい》した職業訓練《しょくぎょうくんれん》や自治体《じちたい》に支援金《しえんきん》をだすなどの対策《たいさく》をおこなっています。

行う老老介護《ろうろうかいご》や、認知症《にんちしょう》患者同士《かんじゃどうし》で介護《かいご》する認認介護《にんにんかいご》も年々増加しています。そこで政府は、ベトナム、フィリピン、インドネシアなどの国々《くにぐに》から一人でも多く送り出して日本の国家資格《こっかしかく》を取得《しゅとく》してほしいという強い要望《ようぼう》を受けていたので、経済《けいざい》活動の連携《れんけい》を強化《きょうか》するためにこれらの国々《くにぐに》の看護師《かんごし》・介護師《かいごし》が日本の医療《いりょう》・福祉《ふくし》の現場《げんば》ではたらくための受け入れを行いはじめました。受け入れには条件があり、一定期間内に日本語や看護《かんご》・介護《かいご》の研修《けんしゅう》を受けた後、国家資格《こっかしかく》を取得《しゅとく》するなど細《こま》かく設定《せってい》されています。

ストレス社会　日本での自殺者数《じさつしゃすう》は世界的にみても多いです。自殺者《じさつしゃ》のなかには、**ブラック企業**ではたらいて精神《せいしん》的や肉体《にくたい》的に追いこまれ自殺《じさつ》してしまった方や過労死《かろうし》してしまっ

少子高齢化　晩婚化《ばんこんか》や女性の社会進出、高学歴化《こうがくれきか》など様々な理由により出生率《しゅっしょうりつ》が減って少子化《しょうしか》が進んでいます。また、高齢化《こうれいか》は医療の発展や健康意識の高まりなどにより進んでいます。このように子供の割合が少なく、高齢者《こうれいしゃ》の割合《わりあい》が多い状況を少子高齢化《しょうしこうれいか》といいます。また、日本の人口は二〇〇八年（平成二〇年）をピークに減少《げんしょう》が始まり、生まれてくる子どもの数よりも亡くなる人の数が多くなって人口が減ってい

た人などもいます。また、自殺《じさつ》までには至《いた》らなくても仕事に行かず、かつ家族以外の人との交流をほとんどせずに、六か月以上続けて自宅《じたく》にひきこもっている状態《じょうたい》であるひきこもりが増加しています。一昔前《ひとむかし》まではひきこもり＝学生や未成年《みせいねん》といったイメージが強かったですが、職場《しょくば》になじめない、などの理由から四十代《だい》のひきこもり者も増え、ひきこもりの高《こう》齢化《れいか》も大きな社会問題となっています。

広がる所得格差《しょとくかくさ》　日本ではジェンダー格差《かくさ》が社会問題化したことにより**男女雇用機会均等法《だんじょこようきかいきんとうほう》**が一九八六年（昭和六十一年）に施行《しこう》されましたが、今でも労働《ろうどう》面や経済面では男女に大きな格差《かくさ》があります。女性議員《ぎいん》数は続々《ぞくぞく》と増えており、安倍内閣《あべないかく》では女性の労働力《ろうどうりょく》を増やそうとウーマノミクス

く可能性があると恐《おそ》れられています。

年金制度　現在は一定の年齢に達すると受け取ることが年金ですが、年金制度は現役《げんえき》世代と呼ばれる現在働いている世代から保険料として徴収《ちょうしゅう》され、受給《じゅきゅう》資格《しかく》のある世代に年金として支払われています。現在は現役《げんえき》世代の3人で受給者《じゅきゅうしゃ》の1人を支えていますが、少子《しょうし》高齢化《こうれいか》が進めば現役《げんえき》世代の2人で1人を支え、そしてさらに進めば1人の現役《げんえき》世代で1

（Womenomics）を経済政策《せいさく》の一つとしておこなっています。

また、税金《ぜいきん》などを引き、生活などで自由に使えるお金が国内平均の半分に満《み》たない相対的貧困《そうたいてきひんこん》が、特にシングルマザーである家庭や高齢者《こうれいしゃ》の間で増加しています。貧困《ひんこん》や所得格差《しょとくかくさ》は性別《せいべつ》に関係なく問題となっています。

ハラスメントの多様化《たようか》　現在、メディアでよくパワー・ハラスメントやセクシャル・ハラスメントなどが社会問題として取りあげられるようになりました。それ以外にも、妊婦《にんぷ》に対するマタニティ・ハラスメントやモラルの欠如《けつじょ》によるモラル・ハラスメント、学校内で起きるアカデミック・ハラスメントや友人関係内や**ソーシャル・ネットワーク**などで起きる

人の年金受給者《じゅきゅうしゃ》を支えることとなりかねず、そうなれば年金制度が崩壊《ほうかい》する可能性があると言われています。

国民医療費　高齢化《こうれいか》社会が加速していることにより、医療にかけた年間費用の総額が高《こう》齢者《れいしゃ》は現役《げんえき》世代の四倍で、これは国民医療費が増加している一つの原因とされています。国民医療費は今後さらにふくれ上がっていくと予想《よそう》されています。

フォト・ハラスメントなどがあり、どんどん多様化《たようか》しています。

待機児童問題《たいきじどうもんだい》　現在、保育所《ほいくしょ》の入園条件が待機《たいき》となっている児童《じどう》が増えています。その背景《はいけい》には、保育施設《ほいくしせつ》の不足《ふそく》、女性の社会進出《しんしゅつ》や都市部への人口の集中《しゅうちゅう》、核家族化《かくかぞくか》、保育士《ほいくし》などの人手不足《ひとでぶそく》などの問題があります。特に関東《かんとう》の待機児童問《たいきじどうもん》題《だい》は深刻《しんこく》です。

日本を取り巻《ま》く食品問題　日本では半分以上が海外からの輸入《ゆにゅう》に頼《たよ》っており、このままではもし輸入先《ゆにゅうさき》の国が不作《ふさく》となれば食料価格の高騰《こうとう》や食料確保《かくほ》ができないなどの問題に直面《ちょくめん》します。また、日本とは反対に世界の総人口は増加していますが、今後は異常気象《いじょうきしょう》や水不足《みずぶそく》などにより世界的な食糧不足《しょくりょうぶそく》

ブラック企業　サービス残業《ざんぎょう》や長時間労働と言った労働基準法《ろうどうきじゅんほう》に違反した非常に悪い労働環境がある会社のこと。

男女雇用機会均等法《だんじょこようきかいきんとうほう》　職場《しょくば》での男女の差別《さべつ》を禁止し、募集《ぼしゅう》・採用・昇給《しょうきゅう》・昇進《しょうしん》・教育訓練・定年・退職・解雇《かいこ》などの面で男女とも平等《びょうどう》にあつかうことを定めた法律。一九八六年に施《し》行《こう》。その後、一九九七年に一部改正され、女性保護のために設けられていた時間外や休日

になると予想《よそう》されているため、わが国は食料自給率《じきゅうりつ》を上げていかなければなりません。そして、食べられる食品が消費《しょうひ》されずに捨《す》てられる**食品ロス**も問題となっており、それが発生することで廃棄分《はいきぶん》が販売《はんばい》価格に上乗《うわの》せされたり、環境へ大きな負担《ふたん》をかけてしまったりと様々な問題が起ります。各企業《きぎょう》や家庭でいかにしてこの食品ロスを少なくするか、様々な対策《たいさく》が組《く》まれています。

現在の環境問題《かんきょうもんだい》　現在、世界中の国々《くにぐに》のエネルギー消費《しょうひ》は大部分《だいぶぶん》が化石燃料系資源《かせきねんりょうけいしげん》でまかなわれています。それにより、温室効果《おんしつこうか》ガスの放出量《ほうしゅつりょう》が増加し、海面水位《かいめんすいい》の上昇《じょうしょう》、大雨の頻度《ひんど》が増える、気候変動《きこうへんどう》により暖冬《だんとう》、猛暑《もうしょ》となるなどの問題がすでに起きており、地球温暖化《おんだんか》の原因が人為《じんい》的なもので

労働、深夜業務などの規制を撤廃《てっぱい》。さらにセクシャル・ハラスメント防止《ぼうし》のため、事業主《じぎょうぬし》に対して雇用《こよう》上の管理を義務づけています。

ソーシャル・ネットワーク　略《りゃく》して「SNS」とも呼ばれます。人と人とのコミュニケーションをインターネットを使って促進《そくしん》し、社会的なネットワークの構築《こうちく》を支援するインターネットサービスのことです。

あると断定《だんてい》されています。さらに、日本各地で豪雨《ごうう》や地震《じしん》などの自然災害《さいがい》が頻発化《ひんぱつか》しているため、橋やトンネル、水道・下水《げすい》などの水道管《かん》、高速道路など古《ふる》くなったインフラを再建《さいけん》するなど対策《たいさく》が必要です。

また、**マイクロプラスチック**が海に大量に漂《ただよ》っていることが環境問題となっています。プラスチックはそれらが自然分解《しぜんぶんかい》されることはありません。マイクロプラスチックは海洋生物だけでなく、我たちの健康にも大きな悪影響《あくえいきょう》をもたらします。そのため、各企業ではレジ袋有料化《ゆうりょうか》や紙ストローの使用、プラスチックの再利用、プラスチックに代《か》わる新素材《しんそざい》の開発に取り組んでいます。

これらの環境問題を解決するために、先進国《せんしんこく》を中心《ちゅうしん》にして

マイクロプラスチック
海などに漂流《ひょうりゅう》する直径《ちょっけい》5㎜以下《いか》のプラスチック粒子《りゅうし》のことです。海洋生物が海水《かいすい》に混《ま》ざった消化に適《てき》しないマイクロプラスチックを誤嚥《ごえん》し、消化不全《しょうかふぜん》や胃潰瘍《いかいよう》などを引き起こし、海洋生物を死に至《いた》らしめます。人類にとっても他人事ではなく、研究で食塩《しょくえん》の九割にマイクロプラスチックが含《ふく》まれていたことが明らかになっています。

いろいろな対策《たいさく》がとられています。日本は、温室《おんしつ》効果ガス削《さく》減《げん》のためのルールをみんなで作るよう世界の国々《くにぐに》に働《はたら》きかけてきました。その結果《けっか》、**京都議定書**《きょうとぎていしょ》に代わる新しいルールとして、二〇一五年に**パリ協定**《きょうてい》ができました。この協定《きょうてい》では、参加する全《すべ》ての国が五年ごとに自国の削減目標《さくげんもくひょう》を決めて、国連《こくれん》に提出《ていしゅつ》することになっています。

グローバル化とインターネットの時代

ＩＴ産業《さんぎょう》の発展《はってん》によってもたらされた現在のネット社会により、私たちの生活がより便利になりました。瞬時《しゅんじ》に多くの人と交信《こうしん》したり、多《た》量《りょう》のデーターや情報を調べることができ、作業《さぎょう》時間も一気《いっき》に短縮《たんしゅく》されて資料の保存《ほぞん》や整理《せいり》も簡単になりました。今日の迅《じん》速《そく》なグローバル化も、情報化社会の進展《しんてん》と関係しており、私

京都議定書《きょうとぎていしょ》　正式名称は「気候変動に関する国際連合枠組条約の京都議定書」。地球温暖《おんだん》化《か》の原因となる温室効果ガスの一種であるものについて、先進国《せんしんこく》における削減率《さくげんりつ》を九〇年を基準《きじゅん》に各国別に定め、全体で約束期間内に目標《もくひょう》を達成《たっせい》することを定めています。一九九七年に採択《さいたく》されました。

パリ協定《きょうてい》　二〇二〇年以降《いこう》のあらたな温暖化《おんだんか》対策《たいさく》の世界的な協定《きょうてい》。石油《せきゆ》などの化石燃料《かせきねんりょう》に

たちはどこにいても各国《かっこく》の様々な情報を知ることができるようになりました。

インターネットが人々の生活が便利となった反面、ネット上の犯罪《はんざい》や問題が増加しました。大手《おおて》検索《けんさく》サイトやソーシャル・ネットワーク（SNS）を運営《うんえい》する企業から個人情報が漏洩《ろうえい》したり、個人や居場所《いばしょ》が簡単に特定できたり、ネットに書かれた誹謗中傷《ひぼうちゅうしょう》により自殺者《じさつしゃ》が出たり、ネット詐欺《さぎ》の手法もさらに多元化《たげんか》しました。ネット上の問題は、本人だけの問題ではなく友人や家族にまでその被害《ひがい》がおよぶケースもあるため深刻《しんこく》な社会問題となっています。

また、海外からの**訪日観光客**《ほうにちかんこうきゃく》も年々《ねんねん》増えています。政府は訪日《ほうにち》外国人の経済効果に着目《ちゃくもく》し、**インバウンド戦略**《せんりゃく》を行って

頼《たよ》らない社会を目指《めざ》すため、世界全体《せかいぜんたい》の目標《もくひょう》を「気温上昇《じょうしょう》を二度よりかなり低《ひく》くおさえる」とともに、「一・五度未満《みまん》に向けて努力する」と盛《も》りこみました。十八年ぶりとなる京都議定書以来、気候変動に関する国際的枠組みで、二〇一五年に採択《さいたく》されました。

訪日観光客《ほうにちかんこうきゃく》**の増加**　理由は、外国人の日本への関心《かんしん》の高まり、アジア諸国《しょこく》の経済的成長、円安《えんやす》の進行《しんこう》、格安《かくやす》航空《こうくう》会社《かいしゃ》（LCC）出現《しゅつげん》によ

日本の経済を活性化《かっせいか》していきました。

世界で唯一《ゆいいつ》の被爆国《ひばくこく》として　日本は世界の国々《くにぐに》と協力《きょうりょく》して、核兵器《かくへいき》をなくすために積極的《せっきょくてき》に活動しています。**核兵器《かくへいき》不拡散条約《ふかくさんじょうやく》（NPT）**や**包括的核実験禁止条約《ほうかつてきかくじっけんきんしじょうやく》（CTBT）**などに未加入《みかにゅう》の国に入るよう働《はたら》きかけるとともに、国連《こくれん》などの場で核兵器《かくへいき》のない世界に向けた議論《ぎろん》をリードしています。

また、日本は国連《こくれん》の活動全体にも貢献《こうけん》しています。日本はアメリカに次《つ》いで二番目に多くの国連《こくれん》の活動資金《かつどうしきん》を負担《ふたん》し、多くの日本人国連職員《こくれんしょくいん》が活動を支《ささえ》ています。日本は、これまで以上《いじょう》に世界の平和と安全に貢献《こうけん》するためにも、安全保障常任理事国《あんぜんほしょうじょうにんりじこく》となることを目指《めざ》して積極的《せっきょくてき》に取り組んでいます。

福島第一原子力発電所事故《ふくしまだいいちげんしりょくはつでんしょじこ》を踏《ふ》まえた反省《はんせい》　現在、日本で

る運賃下落《うんちんげらく》、官民《かんみん》が連《れん》携《けい》したインバウンド呼《よ》びこみ施策《しさく》などが挙げられます。

格安航空会社《かくやすこうくうがいしゃ》（LCC）　効率化《こうりつか》によって低い運航《うんこう》費用を実現し、かつサービスが簡素化《かんそか》された航空会社のことです。日本では、二〇一二年頃から国内格安航空会社が続々と国内外の線で運航を開始し、格安航空会社元年《がんねん》となりました。

稼働《かどう》している原子力発電所《げんしりょくはつでんしょ》は九基《き》あります。**原子力発電《げんしりょくはつでん》**は、少ない燃料《ねんりょう》で大量《たいりょう》のエネルギーを作り出すことができ、日本人が使用する電気の約三分の一は原子力《げんしりょく》によるものです。しかし、二〇一一年（平成二三年）三月十一日の東日本大震災《ひがしにほんだいしんさい》によって発生した津波《つなみ》で、福島第一原子力発電所《ふくしまだいいちげんしりょくはつでんしょ》では大事故《だいじこ》が起《おこ》りました。その事故《じこ》を踏《ふ》まえた反省《はんせい》に基《もと》づき、わが国では安全性向上《こうじょう》の取り組みをおこなっています。

日本とアジアの国々との関係　日本は一九七二年に中国と国交正常化《こっこうせいじょうか》を実現して以来《いらい》、関係は着実《ちゃくじつ》に進展《しんてん》し、幅広《はばひろ》く交流が行われています。日本にとって最大《さいだい》の貿易《ぼうえき》相手《あいて》であり、訪日者数《ほうにちしゃすう》も中国人が世界最多《さいた》です。歴史的に関係《かんけい》が深い日本と中国にとって、様々《さまざま》な課題《かだい》を適切《てきせつ》に対処《たいしょ》しながら良好《りょうこう》な関

インバウンド戦略《せんりゃく》　訪《ほう》日《にち》外国人の経済効果に着目《ちゃくもく》し、国内に観光資源を整備《せいび》して国内外からくる旅行客の観光によってうまれる利益を国の経済を支える基盤《きばん》にしようという戦略《せんりゃく》。

係を維持《いじ》し、世界の安定《あんてい》や発展《はってん》に責任《せきにん》をもつ国として、日中がともに協力《きょうりょく》して国際的な課題《かだい》に取り組んでいくことが大切です。

また、韓国とは一九六五年以来国交《いらいこっこう》があり、幅広《はばひろ》い分野で交流が進んでいます。二〇〇二年にはサッカーW杯を共同開《きょうどうかい》催《さい》して成功《せいこう》させました。経済の面でも、日韓間《にっかんかん》の貿易《ぼうえき》は拡大《かくだい》を続けています。

しかし、北朝鮮《きたちょうせん》とはいまだ国交《こっこう》を結《むす》んでいません。日本は、北朝鮮《きたちょうせん》はたて続《つづ》けに弾道《だんどう》ミサイルを発射《はっしゃ》し、核実験《かくじっけん》を行っています。そのため、日本はアメリカ、韓国、中国、ロシアなどと連携《れんけい》しながら、北朝鮮《きたちょうせん》に対する圧力《あつりょく》を強化し、拉《ら》致問題《ちもんだい》や核兵器《かくへいき》ミサイルなどの問題《もんだい》を解決《かいけつ》して国交《こっこう》を結《むす》べる

原子力発電《げんしりょくはつでん》　最大の特《とく》長《ちょう》は、わずかな量の資源からたくさんの電気を取り出せることや、発電《はつでん》の時に地球温暖化《ちきゅうおんだんか》の原因と考えられている二酸化炭素《にさんかたんそ》を出さないという点です。一方で、最大の欠点は危険度の高さです。原子炉《げんしろ》から放射性物質《ほうしゃせいぶっしつ》が放出《ほうしゅつ》されると、土壌《どじょう》や海洋が汚染《おせん》され、人間や動物も放射線《ほうしゃせん》を被曝《ひばく》することになります。

ように努力《どりょく》しています。

平成天皇の譲位と令和天皇の即位　明仁天皇《あきひとてんのう》が二〇一九年（平成三十一年）四月三十日をもって上皇《じょうこう》となり、五月一日に**徳仁皇太子《なるひとこうたいし》が天皇《てんのう》に即位《そくい》しました。**そのため、三十年余《あま》り続いた平成《へいせい》は幕《まく》を閉《と》じ、同日《どうじつ》**令和《れいわ》**に改元《かいげん》されました。

明仁天皇《あきひとてんのう》　二〇一九年（平成三十一年）四月三十日をもって憲政史上《けんせいしじょう》はじめて譲位《じょうい》して上皇《じょうこう》となり、翌日《よくじつ》五月一日に**徳仁皇太子《なるひとこうたいし》**が天皇《てんのう》に即位《そくい》しました。

三一　新しい時代、令和《れいわ》のはじまり

令和元年に起ったできごと

令和元年《れいわがんねん》は短い期間《きかん》でしたが、その間《あいだ》にも色々なことが起《お》こりました。この年、秋に台風15号と19号が日本を襲《おそ》い、河川《かせん》の氾濫《はんらん》や土砂崩《どしゃくず》れが発生しました。死者や行方不明者《ゆくえふめいしゃ》は合わせて100人を超え、車で避難《ひなん》中に冠水《かんすい》や水没《すいぼつ》して亡くなる車中死《しゃちゅうし》などが問題《もんだい》となりました。

また、**吉野彰**《よしのあきら》がリチウムイオン電池《でんち》の開発《かいはつ》で携帯型《けいたいがた》の電子機器を普及《ふきゅう》させ、地球環境問題《ちきゅうかんきょうもんだい》にも貢献《こうけん》した功績《こうせき》がたたえられてノーベル科学賞を受賞《じゅしょう》しました。宇宙《うちゅう》開発では、探査機《たんさき》はやぶさ2が小惑星着地《しょうわくせいちゃくち》し、すなに含《ふく》まれる有機物《ゆうきぶつ》などをしらべることで生命の起源《きげん》にせまる成果《せいか》が期待されています。

【注釈】

令和《れいわ》　三十年余《あま》り続いた平成《へいせい》は幕《まく》を閉《と》じ、令《れい》和《わ》に改元されました。新元号《しんげんごう》は日本最古《さいこ》の歌《か》集《しゅう》「万葉集《まんようしゅう》」を出典《しゅってん》としました。

軽減税率制度《けいげんぜいりつせいど》　軽減税《けいげんぜい》率《りつ》とは、特定《とくてい》の商品の消費税率《しょうひぜいりつ》を一般的な消《しょう》費税率《ひぜいりつ》より低く設定するルールです。一気に全ての消費税《しょうひぜい》を10%に上げてしまうと買い占《し》めが多く発生し、経済が停滞《ていたい》してしまうだろうということから、主

スポーツ界では、日本で初めてラグビーのW杯が開催《かいさい》され、日本は初の8強《きょう》に進出《しんしゅつ》して日本を熱狂《ねっきょう》させました。

経済面《けいざいめん》では、消費税率《しょうひぜいりつ》が8%から10%へと引きあげられ、低所得者《ていしょとくしゃ》の負担《ふたん》をやわらげるため酒類を除く飲食料品《いんしょくりょうひん》などの税率《ぜいりつ》を8%のままにする**軽減税率制度**《けいげんぜいりつせいど》も導入《どうにゅう》されました。また、**キャッシュレス決済**《けっさい》にともなうポイント還元《かんげん》もはじまりました。

国際関係では、ローマ教皇《きょうこう》が三十八年ぶりに来日《らいにち》し、被爆《ひばく》地《ち》の長崎《ながさき》と広島《ひろしま》を訪問《ほうもん》して核兵器廃絶《かくへいきはいぜつ》を訴《うった》えました。また、**G20サミット**が大阪で開催《かいさい》されました。その後、輸出管《ゆしゅつかん》理《り》をめぐり不適切《ふてきせつ》な事案《じあん》が発生したという理由で、日本が韓国《かんこく》に対《たい》し、貿易管理上《ぼうえきかんりじょう》の優遇措置《ゆうぐうそち》を受けられる**ホワイト**

に低所得層《ていしょとくそう》の生活に配《はい》慮《りょ》した政策といわれています。対象品目は①酒類及び外食を除く飲食料品、②新聞の定期購読料《こうどくりょう》となっています。

キャッシュレス決済《けっさい》　クレジットカードや電子マネー、口座振替《こうざふりかえ》を利用して、紙幣《しへい》・硬貨《こうか》といった現金を使わずに支払い・受け取りを行う決済《けっさい》方法のことです。

G20サミット　G20の正式名称《めいしょう》は「金融・

国のリストから除外《じょがい》すると発表しました。そのほか、重要な工業製品《こうぎょうせいひん》三品目《ひんもく》についても、韓国《かんこく》向け輸出《ゆしゅつ》の優遇措置《ゆうぐうそち》を解除《かいじょ》しました。そして、韓国《かんこく》も日本との**軍事情報包括保護協定《ぐんじじょうほうほうかつほごきょうてい》（GSOMIA）**を破棄《はき》すると発表し、戦時中の徴用工訴訟問題《ちょうようこうそしょうもんだい》や慰安婦問題《いあんふもんだい》などもふくめて日韓関係《にっかんかんけい》は冷えこみました。

この年《とし》、あらたに二十三件目の国内世界文化遺産《いさん》が誕生《たんじょう》しました。それは、世界最大級の墳墓《ふんぼ》**仁徳天皇陵古墳《にんとくてんのうりょうこふん》（大山古墳《だいせんこふん》）**を含む百舌鳥《もず》・古市古墳群《ふるいちこふんぐん》（大阪府）です。天皇《てんのう》や皇族《こうぞく》の墓《はか》として宮内庁《くないちょう》が管理する陵墓《りょうぼ》の登録《とうろく》は、はじめてとなりました。しかし、この年《とし》にうしなった世界文化遺産《いさん》もあります。それは、那覇市《なはし》の首里城《しゅりじょう》です。正殿《せいでん》など主要部分が全焼《ぜんしょう》し、文化財約４００点も焼失《しょうしつ》してしまいました。火災《かさい》後は、

世界経済に関する首脳《しゅのう》会合《かいごう》」で、世界の国内総生産（GDP）の八割《わり》以上を占《し》める「国際経済協調の第一のフォーラム」として、G20は世界経済を力強く成長させていくことを目的としてきました。この年、日本で初めて開催されたG20首脳会《しゅのうかい》合《ごう》となり、37の国と機関が参加しました。

ホワイト国《こく》　ホワイト国《こく》とは、「大量破壊《たいりょうはかい》兵器《へいき》を拡散《かくさん》させるおそれがない」と日本が信頼《しんらい》する国々《くにぐに》のこと

1カ月間で国内外から10億《おく》円を超える寄付金《きふきん》があつまり、政府は再建《さいけん》の基本方針《ほうしん》を決めました。

これからの日本

グローバル化が進む中で、人、動物、モノがいままで以上に頻繁《ひんぱん》かつ迅速《じんそく》に国際間《かん》を移動《いどう》する状況《じょうきょう》では、世界のどの地域《ちいき》で感染症《かんせんしょう》が発生しても、感染患者《かんせんかんじゃ》や動物などがすぐに日本へ侵入《しんにゅう》してしまう状況《じょうきょう》があります。また、発展途上国《はってんとじょうこく》の人口増加や開発による経済成長《けいざいせいちょう》が、新たな感染《かんせん》症《しょう》を生《う》みだす原因にもなるため、あたらしい感染症《かんせんしょう》の世界への影響《えいきょう》は今後ますます高まっていくことが予想《よそう》されます。

そして、二〇〇一年九月十一日に起きた米国同時多発《たはつ》テロ以《い》降《こう》、今やテロ問題は世界中の問題となっています。テロをなくすために日本は、ほかの国々と協力《きょうりょく》してさまざまな努

で、日本独自《どくじ》の制度です。

軍事情報包括保護協定《ぐんじじょうほうほうかつほごきょうてい》（GSOMIA） 日本と韓国の間で秘密軍事情報を提供し合う際、第三国への漏洩《ろうえい》を防止するために二〇一六年に締結《ていけつ》した軍事情報包括《ぐんじじょうほうほうかつ》保護協定《ほごきょうてい》。

力をしています。たとえば、二〇一六年の伊勢志摩《いせしま》サミットでは、日本は議長国《ぎちょうこく》として、テロをへらすための行動計画を取りまとめました。日本は、テロ対策のための具体的《ぐたいてき》なプロジェクトを実施しているところです。

このように、わたしたちは様々《さまざま》な問題《もんだい》をかかえているので、アジアやアフリカをはじめとする世界《せかい》の国々《くにぐに》と手を取《と》りあって、世界《せかい》の平和《へいわ》と繁栄《はんえい》のために努力《どりょく》しなければなりません。

わたしたちは、これらの日本の内外にかかえたいろいろな問題《もんだい》に目を向《む》けて、この「日本歴史《れきし》」で学んだことをいかして、豊《ゆた》かで、平和《へいわ》な世の中をきずくための進む道を考えましょう。

西暦	時代		おもなことがら	おもな人物と文化	
前4000	原始社会	縄文文化の時代	＊石器や土器を作ったり、たて穴式住居に住み、獣を取ったり魚を取る生活をしていた		縄文式土器 石器 貝塚
500 100 0			＊金属を用いる生活がはじまった ＊大陸から稲作が伝わった		銅けん、銅たく、銅ほこ 弥生式土器
100		弥生文化の時代	＊小さな国々が北九州を中心としてできた		漢委奴国王 金印
200			＊邪馬台国がいきおいをふるった	卑弥呼	
300		大和時代	＊大和朝廷が全国の統一を進めた ＊朝鮮の任那に日本府をおいた 391　新羅や百済を破る		
400			＊織物の技術や漢字など大陸の文化が伝わった		古墳
500			538　朝鮮から仏教が伝わった 562　仁那がほろぶびた		
	古代社会	飛鳥時代	593　聖徳太子が摂政になった	聖徳太子	
600			604　十七条の憲法をつくった 607　遣隋使をおくった ＊飛鳥に仏教文化がさかえた 645　大化の改新	小野妹子 天智天皇 藤原鎌足 天武天皇	法隆寺
700		奈良時代	701　大宝律令ができた 710　奈良に都をうつした ＊奈良に仏教文化がさかえた 741　国分寺をうつした 794　京都に都をうつした	元明天皇 太安万呂 聖武天皇 道鏡 大伴家持 桓武天皇	和銅開珎 古事記 日本書紀 東大寺 正倉院 万葉集
800		平安時代	＊藤原氏のいきおいがつよくなった 894　遣唐使をやめた	坂上田村麻呂 最澄 空海	天台宗 真言宗

900	古代社会	平安時代	＊貴族たちが華やかな生活をした	紀貫之	竹取物語 古今和歌集
1000			＊武士のいきおいが強くなった 1086　院政がはじまった	紫式部 清少納言 白河上皇	源氏物語 枕草子 平等院
1100			1156　保元の乱がおきた 1159　平治の乱がおきた 1185　平氏がほろびた	平清盛 法然	
	中世	鎌倉時代	1192　鎌倉幕府が開かれた	源頼朝	
1200			1221　承久の乱がおきた 1232　貞永式目ができた 1274　文永の役 ＊新しい仏教がひろまる 1281　弘安の役	北条泰時 運慶 北条時宗 日蓮	新古今和歌集 平家物語
1300		南北朝	1333　鎌倉幕府がほろびた 1334　建武の新政 1335　南と北に二つの朝廷ができた 1338　室町幕府が開かれた 1392　南と北の朝廷が一つになった	楠木正成 新田義貞 足利尊氏 足利義満	 金閣
1400		室町時代	＊大名の力がつよくなった 1467　応に仁の乱がおきた 1485　山城（京都の近く）に土一揆がおきた	世阿弥 宗祇 足利義政 雪舟	能・狂言 連歌 銀閣 水墨画
1500			1543　鉄砲が伝わった 1549　キリスト教が伝わった 1568　信長が京都にのぼった 1573　室町幕府がほろびた	ザビエル 織田信長	 安土城
1600	近世	安土桃山	＊秀吉が検地、刀狩をおこなった 1590　秀吉が天下を統一した 1592　秀吉が朝鮮に兵を出した 1600　関ヶ原のたたかい	豊臣秀吉	大阪城 伏見城

	近世	江戸時代	1603 江戸幕府が開かれた 1615 豊臣氏がほろびた ＊封建社会のしくみがととのった 1637　島原の乱が起きた 1639　鎖国令が出た ＊町人の文化がさかえた	徳川家康 山田長政 井原西鶴 松尾芭蕉 菱川師宣 関孝和	浮世草子 浮世絵
1700			＊百姓一揆がさかんになった ＊封建社会のしくみがゆるんできた ＊打ちこわしがおこなわれた	近松門左衛門 新井白石 杉田玄白 前野良沢 本居宣長 喜多川歌麿	浄瑠璃 歌舞伎 解体新書 古事記伝
1800			1837　大塩平八郎の乱がおきた 1853　黒船が浦賀にきた 1854　日米和親条約を結んだ 1858　日米修好通商条約を結んだ 1867　江戸幕府が終り、政治が朝廷にかえった	伊能忠敬 安藤広重 ペリー 井伊直弼 徳川慶喜	日本地図 東海道五十三次
	近代	明治時代	1868　五か条の御誓文が出た 〃　東京に都をうつした 1869　版籍を奉還した 1871　廃藩置県 1872　学校の制度を定めた 1873　徴兵令がしかれた 〃　地租改正をおこなった 1877　西南戦争がおきた 〃　自由民権運動がおこった 1885　内閣制度ができた 1889　大日本帝国憲法が制定された 1890　第一回の議会が開かれた 1894　日清戦争がおきた 1895　下関条約が結ばれた 〃　清国が台湾・澎湖列島を日本に割譲 〃　台湾総督府を台北に設置	西郷隆盛 木戸孝允 大久保利通 福沢諭吉 板垣退助 大隈重信 伊藤博文 坪内逍遥 狩野芳崖 北里柴三郎 陸奥宗光 黒田清輝 樺山資紀	学問のすすめ

	近代	明治時代	1896	日本人教師六名が抗日ゲリラにより殺害（芝山岩事件）		
1900			1901	八幡製鉄所ができた		
			1902	日英同盟が結ばれた	夏目漱石	
			1904	日露戦争がおきた		
			1905	ポーツマス条約が結ばれた	島崎藤村	
			1910	韓国を併合した	野口英世	
		大正時代	1912	土庫事件勃発		
			1913	苗栗事件勃発		
			1914	第一次世界大戦に参加した		
			〃	六甲事件勃発		
			〃	台湾同化会を設立	板垣退助	
			1915	台湾同化会解散		
			〃	西來庵事件勃発	余清芳	
			1918	政党内閣ができた	原敬	
			1919	台湾総督府が落成		
			1921	ワシントン軍縮会議が開かれた		
			〃	台湾議会設置請願書を帝国議会に提出	林献堂	
			〃	台湾文化協協会を設立	蔣渭水	
			1922	関東大震災がおきた		
			1923	皇太子裕仁親王が台湾を訪問		
			〃	治警事件勃発	蔡培火	
			1925	普通選挙法がしかれた		
		昭和時代	1927	台湾初となる大型美術展覧会である台湾美術展覧会を開催	陳進 林玉山 郭雪湖	
			1930	ロンドン軍縮会議が開かれた		
			〃	霧社事件勃発		
			1931	満州事変がおきた	犬養毅	
			1933	国際連盟から脱退した		
			1935	台湾博覧会開催		
			1936	二・二六事件がおきた		
			〃	日独防共協定が結ばれた		

	現代	昭和時代	1937 日華事変がおきた 1940 日独伊三国軍事同盟が結ばれた 1941 太平洋戦争がおきた 1942 台湾原住民により編成された日本軍の部隊である高砂義勇隊がフィリピンへと出征 1944 最後(第19代)の台湾総督に安藤利吉が就任 1945 台北大空襲 〃 広島、長崎に原子爆弾が落とされた。ポツダム宣言を受諾し無条件降伏した 1946 日本国憲法が公布された 1951 平和条約が結ばれた 1952 平和条約が発効され独立国となった 1956 日ソ国交回復 〃 国連に加盟した 1957 国連の非常任理事国にえらばれた 〃 ソ連の人工衛星が打つち上げられた 1964 新幹線（東京～大阪）が開通した 〃 東京オリンピックが開かれた 1969 米国月面着陸成功 1970 大阪万国博覧会が開かれた 1972 沖縄が返還された 〃 日中国交回復 1978 新東京国際空港が開港した 1979 元号法案成立 〃 動力炉、核燃料開発生産開始 〃 第36回衆議院と第12回参議院選挙の史上初の同時投票	湯川秀樹 鳩山一郎 アームストロング 佐藤栄作 田中角栄	アポロ十一号

		昭和時代	1980 「北方領土の日」を２月７日と決定 1983 東京地裁、田中角栄首相に懲役４年の実刑判決 1984 韓国の全斗煥大統領が初来日 〃 一万円福沢諭吉、五千円新渡戸稲造、千円夏目漱石の肖像による日本銀行券発行 1985 日米英仏独五カ国蔵相会議、プラザ会議	利根川進	
	現代	平成時代	1987 JR7社開業。国鉄は115年の官営の歴史を閉じ分割・民営化 1989 昭和天皇崩御（87歳）明仁親王即位。平成と改元。 〃 日米経済構造協議の開始 1990 新憲法下初の即位の礼。大嘗祭。議会開設100周年記念式典 1990 海上自衛隊掃海艇、ペルシア湾へ出発 1991 PKO協力法（国際平和協力法）成立 〃 暴力団対策法施行 1993 環境基本法成立（公害対策基本法は廃止） 〃 北海道南西沖地震で奥尻島を中心に大被害 1995 阪神大震災 〃 地下鉄サリン事件 1999 国旗・国歌法成立	明仁天皇 森重文 大江健三郎 野茂英雄投手	1995 白川郷、五箇山の合掌造集落が「世界遺産」に

付録　21 世紀の出来事

2000	現代	平成時代	2000 年問題について政府が安全宣言 大阪府で太田房江が全国初の女性知事となる 介護保険制度開始 森喜郎内閣成立 西鉄バスジャック事件 皇太后さま逝去 雪印 牛乳の集団食中毒事件発生 金融庁発足 2,000 円札発行 九州・沖縄サミット開幕 新 500 円硬貨発行 白川英樹がノーベル化学賞を受賞 高橋尚子さんに国民栄誉賞 「児童虐待防止法」が施行される 「ストーカー規制法」が施行される 「改正少年法」が成立 (刑事罰の対象 14 歳以上に) 「IT 基本法」が成立 「琉球王国のグスクと関連遺産群」世界遺産決定
2001			国の情報公開制度開始 「家電リサイクル法」が開始 小泉純一郎内閣成立 「クローン規制法」が施行 大阪府池田小学校事件 小泉首相が靖国神社に参拝 野依良治がノーベル化学賞を受賞 「配偶者暴力防止法（DV 防止法)」が施行 「テロ対策特別措置法」が成立 北朝鮮の不審船を銃撃
2002			瀋陽の日本総領事館で亡命者拘束問題 雪印の偽装肉事件 東北新幹線盛岡駅～八戸駅間が開業 サッカーW杯、日韓共同開催 日本経団連発足

	現代	平成時代	住民基本台帳ネットワーク開始 小泉首相が訪朝、初の日朝首脳会談 小柴昌俊がノーベル物理学賞を受賞 田中耕一がノーベル化学賞を受賞 「医療制度改革関連法」が成立 北朝鮮が拉致問題を認める インド洋にイージス艦派遣
2003			「千と千尋の神隠し」がアカデミー賞を受賞 日本初の情報収集衛星打ち上げ 小惑星探査機「はやぶさ」打ち上げ 「有事関連法」が成立 「イラク復興支援特別措置法」が成立 イラク復興支援で航空自衛隊出発
2004			イラクの復興支援で陸上自衛隊に派遣命令 九州新幹線、新八代～鹿児島中央間が開業 東京の営団地下鉄が民営化、東京メトロ誕生 「改正児童虐待防止法」が成立（市民に通報義務） 「改正ＤＶ防止法」が成立（離婚後も対象に） 「紀伊山地の霊場と参詣場」が世界文化遺産登録決定 新潟県中越地震が発生 「犯罪被害者基本法」が成立 「発達障害者支援法」が成立
2005			愛知県で「愛・地球博覧会」が開かれる 「個人情報保護法」が全面施行 JR 福知山線脱線事故 北海道「知床」世界自然遺産登録決定 宇宙飛行士の野口聡一が宇宙へ 「郵政民営化関連法案」が成立 「障害者自立支援法」が成立
2006			「高齢者虐待防止法」が施行される 「自殺対策基本法」が成立 ｉＰＳ細胞を作り出すことに成功 安倍晋三内閣発足

	現代	平成時代	「北朝鮮拉致問題対策本部」が新設置、初会合が開かれる 「改正教育基本法」が成立
2007			「防衛省」が発足 「第１回東京マラソン」開催 能登半島地震が発生 熊本市の慈恵病院が「赤ちゃんポスト」の運用を開始 「国民投票法案」が成立 「改正児童虐待防止法」が成立（保護者に出頭要求） 「石見銀山遺跡とその文化的景観」世界遺産決定 「改正ＤＶ防止法」が成立（夜間の電話・メール禁止） 新潟中越沖地震が発生 福田康夫内閣発足 郵政事業 民営化 「運輸安全委員会」が発足
2008			「後期高齢者医療制度」が開始 秋葉原通り魔事件 岩手・宮城内陸地震が発生 麻生太郎内閣発足 小林誠・益川敏英がノーベル物理学賞を受賞 南部陽一郎がノーベル物理学賞を受賞 下村脩がノーベル化学賞を受賞
2009			作曲家の遠藤実に国民栄誉賞 映画「おくりびと」・「つみきのいえ」アカデミー賞受賞 宇宙飛行士の若田光一、宇宙での長期滞在へ 野球のＷＢＣで日本が２連覇 「裁判員制度」が開始 「改正薬事法」が施行 俳優の森光子に国民栄誉賞 「消費者庁」が発足 鳩山由紀夫内閣発足 政府の行政刷新会議「事業仕分け」開始 俳優の森繁久弥に国民栄誉賞

2010	現代	平成時代	「日本年金機構」が発足 宇宙開発事業団技術者の山崎直子が宇宙へ 殺人や強盗殺人事件の時効廃止 菅直人内閣発足 中国漁船と海上保安部の巡視船が衝突 鈴木章・根岸英一がノーベル化学賞を受賞
2011			東日本大震災が発生 福島第一原発事故 九州新幹線全線開業 宇宙飛行士の古川聡が宇宙へ 「復興基本法」が成立 「小笠原諸島」が世界自然遺産登録決定 「平泉の文化遺産」が世界文化遺産登録決定 サッカー女子ワールドカップで日本初優勝 地上テレビのアナログ放送終了、地上デジタル放送に移行 「なでしこジャパン」に国民栄誉賞 野田佳彦内閣発足
2012			「復興庁」が発足 レスリング女子の吉田沙保里に国民栄誉賞 山中伸弥がノーベル生理学・医学賞を受賞 安倍晋三内閣が再び発足 国内格安航空会社が続々と設立され、運航を開始
2013			元横綱大鵬の納谷幸喜に国民栄誉賞 「障害者総合支援法」が施行 「改正公職選挙法」が成立、インターネット選挙運動解禁へ 長嶋茂雄と松井秀喜に国民栄誉賞 「いじめ防止対策推進法」が成立 「富士山 信仰の対象と芸術の源泉」が世界文化遺産登録決定 「改正ＤＶ防止法」が成立（配偶者以外も対象に） 「和食」の食文化 ユネスコ無形文化遺産に登録決定 「改正生活保護法・生活困窮者自立支援法」が成立 安倍首相 靖国神社参拝

2014	現代	平成時代	消費税率８%に引き上げ 群馬県の「富岡製糸場」が世界文化遺産登録決定 宮崎駿監督がアカデミー名誉賞を受賞 赤崎勇・天野浩・中村修二らがノーベル物理学賞を受賞 はやぶさ２打ち上げ成功 「特定秘密保護法」が施行
2015			人気漫画「ONE PIECE」単行本発行部数で世界記録 児童相談所全国共通ダイヤル「１８９」運用開始 「明治日本の産業革命遺産」が世界文化遺産登録決定 北陸新幹線、長野～金沢間が開業 宇宙飛行士の油井亀美也が宇宙へ 「女性活躍推進法」が成立 「全保障関連法」が成立 「若者雇用促進法」が施行 「医療事故調査制度」が開始 「マイナンバー法」が施行 大村智がノーベル生理学・医学賞を受賞 梶田隆章がノーベル物理学賞を受賞
2016			「改正自殺対策基本法」が成立 北海道新幹線が開業 電力自由化スタート 「障害者差別解消法」が施行 熊本地震が発生 「ヘイトスピーチ解消法」が成立 伊勢志摩サミットを開催 オバマ大統領、広島訪問 「改正公職選挙法」が施行 (選挙権 18 歳に) 宇宙飛行士の大西卓哉が宇宙へ 「国立西洋美術館」が世界文化遺産登録決定 小池百合子が東京都知事初の女性知事となる 天皇陛下生前退位のご意向示唆 「山の日」が新たに祝日に 大隅良典がノーベル生理学・医学賞を受賞 レスリング女子の伊調馨に国民栄誉賞 ユネスコ無形遺産に「山・鉾・屋台行事」が登録決定

2017	現代	平成時代	「沖ノ島（福岡）」が世界文化遺産登録決定 カズオ・イシグロがノーベル文学賞を受賞 「外国人技能実習 適正化法」が施行 宇宙飛行士の金井宣茂が宇宙へ
2018			将棋の羽生善治と囲碁の井山裕太に国民栄誉賞 「改正生活保護法」が成立（進学一時金支給） 「改正民法」が成立 (成人年齢 を 18 歳へと引き下げ) 「長崎と天草地方の潜伏キリシタン関連遺産」が世界遺産決定 フィギュアスケーターの羽生結弦さんに国民栄誉賞 北海道地震が発生 本庶佑がノーベル生理学・医学賞を受賞 東京都中央区の築地市場が 83 年の歴史に幕
2019		令和時代	国際観光旅客税が開始 訪日外国人旅行者が 3000 万人を超える 吉野彰がノーベル化学賞を受賞 新元号「令和」を発表 「働き方改革関連法」が施行 安倍首相がイラン訪問 Ｇ２０大阪サミットを開催 大阪府堺市の「仁徳陵」が世界遺産決定 消費税率 10％に引き上げ 皇太子徳仁親王が天皇に即位 国際博物館会議が京都市で開催 「首里城」火災 アジア初開催となるラグビーW杯が日本で開幕 安倍晋三総理の首相在任期間が憲政史上最長任期に

鴻儒堂書局　歷史叢書

大河劇中的幕末・戰國：日本歷史人物

笹沼俊暁　著／**林彥伶**　中譯

出現在戲劇中的各個人物，在真正的史實上是什麼面貌呢？利用本書，從不一樣的角度，比較同一個人物的各種不同歷史定位，也是享受歷史劇的方法之一。中日對照，附MP3 CD一片。

定價280元

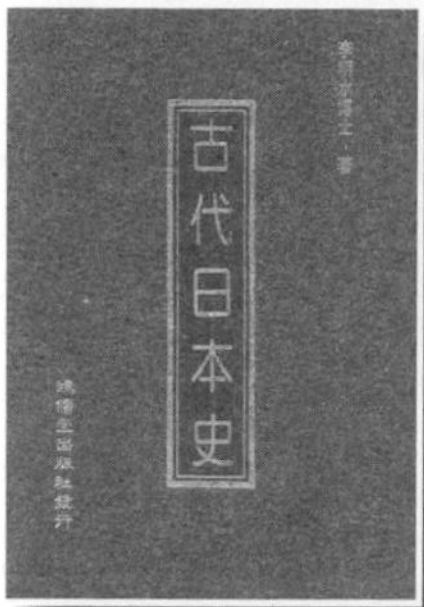

古代日本史

李明水　編著

本書分成古代、中世、近世史等三大篇，章節分明，詳述古代日本民族文化之起源，暨政教社會之演變，史料豐富詳實，為研究日本史之重要文獻。

定價350元

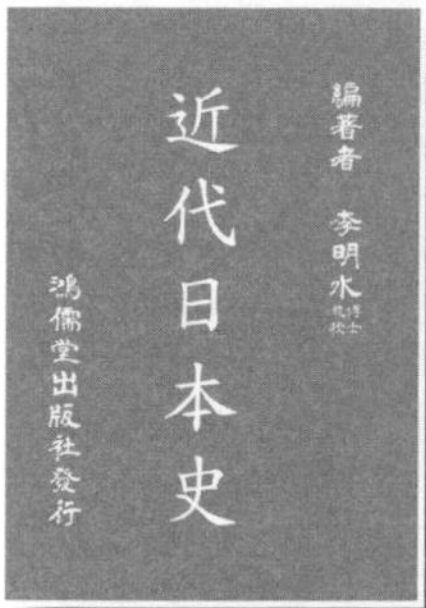

近代日本史

李明水　編著

本書內容撰自一八五三年美國培里打開日本鎖國政策，到一九八六年為止，故稱之為近代日本史。在這一百一十多年歷經明治、大正、昭和三朝，是日本史最複雜、變動最大的時代，不止是日本史最重要的一個階段，也是日本在國際社會扮演重要角色的時代。

定價250元

日本文化史通論－日本的心與形

石田一良　著／**許極燉**　譯／**孫宗明**　校注

本書作者講〝日本文化〞的各個時代文化的展開與特徵，其次說日本的宗教的展開與其特徵，最後論及〝日本文化〞與〝日本文化史〞的特徵及其普遍性。

定價500元

簡易日本歷史（日文版）

定價：二五〇元

二〇二〇年（民一〇九年）　九月初版一刷

編　　著：鴻儒堂編輯部

增　　補：川 島 尚 子

封面設計：張　芝　琳

發 行 所：鴻儒堂出版社

發 行 人：黃　成　業

地　　址：台北市博愛路九號五樓之一

電　　話：02-2311-3823

傳　　真：02-2361-2334

郵政劃撥：01553001

E-mail：hjt903@ms25.hinet.net

法律顧問：蕭雄淋律師